Publié par S. Chardon de La Rochette.

HISTOIRE

DE LA VIE ET DES OUVRAGES

DE

M. DE LA FONTAINE.

HISTOIRE

DE LA VIE ET DES OUVRAGES

DE

M. DE LA FONTAINE.

PAR MATHIEU MARAIS.

Publiée pour la première fois avec des notes et quelques Pièces inédites.

DE L'IMPRIMERIE DES NOTAIRES.

A PARIS,

Chez RENOUARD, Libraire, rue Saint-André-des-arcs, n.° 55.

1811.

AVIS DE L'ÉDITEUR.

CETTE *Histoire de la vie et des ouvrages de* M. DE LA FONTAINE étoit simplement une préface, qui devoit être mise à la tête d'une édition des *Œuvres diverses* de notre célèbre fabuliste. Il paroît que cette édition n'eut pas lieu, puisque cette préface est restée manuscrite et que l'abbé d'Olivet, qui donna en 1729 la première édition des Œuvres diverses, ne l'a point connue. Mais cette Histoire, ou, si l'on veut, cette Préface, est si intéressante; elle fait si bien connoître *le bon homme*, que j'ai cru faire un présent agréable aux admirateurs de cet écrivain inimitable en la publiant. D'ailleurs on y trouve des anecdotes curieuses qui éclaircissent des passages restés jusqu'ici obscurs.

J'ai recouvré quelques pièces qui manquent dans toutes les éditions et je les ai renvoyées à la fin du volume. Dans mes notes j'ai cité le premier vers des pièces en vers et le commencement des pièces en prose; ainsi, quoique je me sois servi de la petite édition en 4 volumes in-12, donnée chez Savoye en 1758, ce petit volume peut se joindre à toutes les autres et n'en déparera aucune.

L'Auteur est Mathieu Marais, Avocat au Parlement de Paris. Les auteurs du Dictionnaire historique (1), par une singulière méprise, lui donnent pour père, Roland (et non Rolland) Desmarets, mort en 1653, qui nous a laissé un volume de lettres latines, élégamment et purement écrites (2). Ces auteurs avoient lu à la tête de ce volume: *Rolandi Maresii*, etc. et croyant probablement que *Maresius* pouvoit signifier aussi *Marais*, nom que le fils auroit adopté, ils ont écrit au bas de cet article: « Rolland » (ils l'appellent également en latin, » *Rollandus*) eut un fils, qui fut également Avocat au Parlement. Il est

---

(1) Tome VII. page 626. de l'édition en 13 volumes.

(2) *Rolandi Maresii epistolarum philologicarum libri duo. Parisiis, apud Edmundum Martinum, 1665, in-8°.*

» fréquemment cité par Bayle, auquel
» il fournissoit des observations et des
» remarques dont ce savant se louoit
» beaucoup ».

Mathieu Marais fut en effet l'ami et le coopérateur de Bayle. Ses connoissances littéraires l'avoient mis en relation avec lui, et il profita souvent de ses lumières, comme il l'avoue dans plusieurs endroits de son Dictionnaire. Marais lui a fourni des notes sur Henri III, les Suisses, la Reine de Navarre, le Président de Nully, l'Avocat De Rez, etc.

Dans les *Lettres de Bayle*, publiées d'abord, ou plutôt tronquées et dénaturées par Prosper Marchand, en 1714, 3 volumes in-12, et publiées ensuite *sur les originaux* par Des Maizeaux, en 1729, il y en a plusieurs adressées à Marais, et l'on voit dans toutes le cas singulier que faisoit Bayle de ce savant jurisconsulte. Il suffira, pour en convaincre le lecteur, de citer un passage d'une de ces lettres, datée de Roterdam, du 2 octobre 1698 (1).

---

(1) Tome 2 p. 639 de l'édit. de 1714, et 724 de celle de 1729.

« Que j'admire l'abondance des faits
» curieux que vous me communiquez,
» touchant MM. *Arnaud*, *Rabelais*,
» *Santeuil*, *La Fontaine*, *La Bruière*, etc!
» cela me fait juger, Monsieur, qu'un
» *Dictionnaire historique et critique*, que
» vous voudriez faire, seroit l'ouvrage
» le plus curieux qui se pût voir. Vous
» connoissez mille particularités, mille
» personnalités, qui sont inconnues à la
» plupart des auteurs, et vous pourriez
» leur donner la meilleure forme du
» monde. Il est vrai que, pour bien faire,
» votre imprimeur devroit être en ce
» pays-ci : il faudroit avoir deux corps,
» l'un à Paris pour y ramasser ces ma-
» tériaux, et l'autre en Hollande pour
» y faire imprimer l'ouvrage que l'on
» en composeroit. Cette *replication*,
» comme l'appellent les scholastiques,
» n'étant pas possible, naturellement
» au moins, ce sera un bon remède, si
» vous continuez d'avoir la bonté de
» m'enrichir de vos remarques et de vos
» bons avis. Vous m'y paroissez très-dis-
» posé, Monsieur, et je vous puis assu-
» rer que je m'en estimerai le plus heu-
» reux du monde et que j'en paroîtrai

» fort-reconnoissant. Je vous demande, » par avance, la permission de marquer » à la marge, à qui le public sera re- » devable de tant de bonnes et de belles » choses, que je tirerai de vous ».

C'est à Marais que nous devons le portrait gravé de Bayle, et la vie de cet écrivain illustre, page 336, du tome 2 de l'édition de 1732.

Après Bayle, le plus célèbre de ses correspondans fut le Président Bouhier. Ce Magistrat célèbre, fixé par sa charge en Bourgogne, s'aperçut à peine de l'éloignement où il étoit de la Capitale, grace à la correspondance active qu'il entretenoit avec l'Avocat Marais. Nouvelles littéraires, politiques, même celles qui ne sont que de simple curiosité, il en étoit instruit des premiers, et souvent avant ceux qui se trouvoient le plus près des événemens. Et ce qui prouve que Marais étoit aussi savant jurisconsulte que profond philologue, c'est que le Président, qui connoissoit si bien, non seulement les coutumes de sa province, qu'il a si savamment commentées, mais encore toutes nos anciennes lois, consultoit encore Marais sur des points de jurisprudence.

Marais fut encore lié avec Thémiseuil de Saint-Hyacinthe, auteur du *Chef-d'Œuvre d'un Inconnu*, et avec Coste, commentateur de Montaigne.

Il est auteur de quelques articles, insérés dans les Mercures du temps, et, entre autres, de la critique du Panégyrique de Sacy, par Madame de Lambert.

Je ne sais positivement en quelle année il est mort, mais il doit avoir vécu jusques vers 1740.

HISTOIRE

DE LA VIE ET DES OUVRAGES

DE M. DE LA FONTAINE.

M. DE LA FONTAINE (Jean) naquit à Château-Thierry en 1621, selon M. Perrault, dans ses hommes illustres; mais comme ce Poëte se donne lui-même 70 ans dans l'envoi d'une Ballade (1) sur la prise de Philisbourg, en 1688, où il a dit: *l'homme n'engendre guère à soixante-dix ans*, il doit être né en 1618. Dans une autre Ballade, à M. Fouquet, pour le pont de Château-Thierry, il parle de cette ville comme du lieu de sa naissance (2).

Dans cet écrit notre pauvre Cité
Par moi, Seigneur, humblement vous supplie.

Son père, Maître des eaux et forêts de ce duché, lui donna sa charge. Il y a été marié, on ne sait précisément en quelle année, et il a eu un fils de ce mariage, qui a été élevé par M. de Maucroy, Chanoine de Rheims,

(1) Un de nos fantassins, etc. tome 1. p. 123.
(2) Tom. 1. p. 45.

son ami. Il étoit né paresseux et aimoit à faire des vers ; il montra bientôt un talent original, simple, naïf et plein de graces inconnues jusqu'à lui. Sa femme, de son côté, étoit aussi une paresseuse, qui n'aimait que les romans. C'étoit-là une belle union ! il lui dit dans une lettre, dont nous parlerons en son lieu : *Vous ne jouez, ni ne travaillez, ni ne vous souciez du ménage, et hors le temps que vos bonnes amies vous donnent par charité, il n'y a que les romans qui vous divertissent; c'est un fonds bientôt épuisé.*

1654.

La première pièce qui a paru de lui dans le public, c'est la traduction de l'Eunuque de Térence, en vers, qui a été imprimée à Rheims en 1654, in-4°. Il n'avoit point le génie de la traduction, ainsi cet ouvrage n'eut point de succès. M. Fabricius, célèbre bibliothécaire allemand, qui a tout vu, et qui n'oublia jamais rien, en parle dans sa bibliothèque latine au supplément de l'article de Térence *Eunuchum versibus gallicis reddidit Fontanus,* Paris, 1654, 4. Il a peut être vu une édition de Paris, car la première est de Rheims.

Après cette traduction, qui lui avoit bien fait connoître Térence, il fit plusieurs pièces de vers qui plurent à M. Fouquet, alors surintendant des finances. Ce Ministre, attentif à attirer à lui tout ce qui brilloit, le prit pour son poëte et lui donna une pension. Il avoit pris en même temps M. Pélisson pour un de ses premiers commis, M. Le Brun pour son peintre, et M. Le Nôtre pour dresser ses jardins. Ils ont eu depuis de plus grandes destinées. M. Pélisson a été historien de Louis XIV; M. Le Brun a peint Versailles, et a fait des tableaux immortels; M. Le Nôtre a fait le jardin des Tuilleries, qui est le plus beau jardin de l'univers; et M. de La Fontaine, avec son talent de poëte, est demeuré poëte et n'a su que faire pleurer par les Nymphes de Vaux la disgrace de son protecteur.

1658.

Pendant la faveur de M. Fouquet, son poëte chercha à le louer sur son goût pour l'architecture, la peinture, le jardinage et la poésie, et fit une fiction merveilleuse qu'il appela *le Songe de Vaux* (1), où ces quatre arts combattent pour la préférence, et disent tout ce que l'esprit peut imaginer pour emporter le prix l'un sur l'autre. Il n'en a donné au public, que des fragmens qui, selon l'auteur des *Pensées ingénieuses* (2), brillent d'esprit depuis le commencement jusqu'à la fin. Nous donnerons un avertissement en prose qu'il a

---

(1) Tome I. p. 207.

(2) Le P. Bouhours, page 11 de l'édition de 1689, in-12.

fait pour l'intelligence de ces fragmens précieux : ils seront précédés d'une épître à Ariste, à qui il les adresse. Il lui parle de son talent pour la poésie et du dessein de ce songe (1).

Ariste, vous voulez voir des vers de ma main,
Je n'ai point ce beau tour, ce charme inexprimable
Qui rend le dieu des vers sur tous autres aimable.
. . . .
Homère épand toujours ses dons avec largesse,
Virgile à ses trésors sait joindre la sagesse.
Mes vers vous pourroient-ils donner quelque plaisir ?

Voilà en deux vers l'éloge d'Homère et de Virgile. Ils lui avoient appris à aimer la nature.

Je vous présente donc quelques traits de ma lyre,
Elle les a, dans Vaux, répétés au zéphyre.
J'y fais parler quatre arts fameux dans l'univers,
Les palais, les tableaux, les jardins et les vers.

Donnons ici en passant quelques traits de cette éloquente poésie.

L'architecture, sous le nom de Palatiane, dit pour soutenir sa cause :

Tout ce qu'ont fait dans Vaux les Le Brun, les Le Nôtre,
Jets, cascades, canaux et plafonds si charmans,
Tout cela tient de moi ses plus beaux ornemens (2).

Apellanire pour la peinture dit avec un tour élevé et galant tout ensemble (3) :

A de simples couleurs mon art plein de magie
Sait donner du relief, de l'ame et de la vie ;

---

(1) Tom. I. p. 219.
(2) Tom. I. p. 222.
(3) *Ibid.* p. 224.

Ce n'est rien qu'une toile, on pense voir des corps;
J'évoque quand je veux les absens et les morts.

. . . .

Dans les maux de l'absence on cherche mon secours.
Je console un amant privé de ses amours,
Chacun par mon moyen possède sa cruelle.

Hortesie parlant pour les jardins, arrive avec un abord si doux, qu'avant qu'elle ouvrit la bouche les juges furent plus d'à demi persuadés; elle commence par ces vers (1):

J'ignore l'art de bien parler
Et n'emploirai, pour tout langage,
Que ces momens qu'on voit couler
Parmi des fleurs et de l'ombrage.

Puis elle continue par des stances d'une noble simplicité et digne des géorgiques, d'où notre poëte a tiré cette description des jardins et l'éloge de ceux qui les aiment (2).

Libres de soins, exempts d'ennuis,
Ils ne manquent d'aucunes choses,
Ils détachent les premiers fruits,
Ils cueillent les premières roses.

Qu'il nous soit permis d'ajouter encore ces quatre vers d'une autre stance et de faire goûter ces plaisirs innocens.

J'embellis les fruits et les fleurs,
Je sais parer Pomone et Flore.
C'est pour moi que coulent les pleurs
Qu'en se levant verse l'Aurore.

---

(1) Tom. I. p. 227.

(2) *Namque sub Œbaliæ, etc. Georgic. liv. IV. v.* 125.

Calliopée élève l'art des vers audessus de tout, et s'écrie dans sa fureur (1):

Montrez-moi, dit cette Fée,
Quelque chose de plus vieux,
Que la chronique immortelle
De ces murs, pour qui les Dieux
Eurent dix ans de querelle.
. . . .
Mes mains ont fait des ouvrages,
Qui verront les derniers âges,
Sans jamais se ruiner.
Le temps a beau les combattre
L'eau ne les sauroit miner,
Le vent ne peut les abattre...

Puis, par un enthousiasme tout poétique, reprenant les discours des autres Fées, elle répond à Palatiane:

Si j'ai de son discours marqué les plus beaux traits,
Elle loge les Dieux; et moi je les ai faits....

A Apellanie, qui se vante de tenir école d'imposture:

Ce sont pour moi des jeux : on ne lit point Homère,
Sans que tantôt Achille, à l'ame si colère,
Tantôt Agamemnon, au front majestueux,
Le bien disant Ulysse, Ajax l'impétueux,
Et maint autre Héros offre aux yeux son image.
Je les fais tous parler, c'est encor davantage.
. . . .
Je peins, quand il me plaît, la peinture elle-même.

On ne peut parler plus poétiquement de la poésie, et comme il savoit mêler le doux

---

(1) Tome 1. p. 232.

à l'utile, et qu'il cherchoit à plaire toujours, il ajoute cette galanterie:

> Mais je fais plus encore, et j'enseigne aux amants,
> A fléchir leurs amours, en peignant leurs tourmens.

Faire aimer un amant est pour lui *plus* que de composer toute l'Iliade. Nous prévenons le plaisir du lecteur qui sera bien aise de trouver ces morceaux hors de leur place, et encore en leur place, et qui les admirera deux fois.

L'aventure du Saumon et de l'Esturgeon, qui se promenoient réellement sur le canal de Vaux, et que le Poëte entretient dans son Songe, a des graces qui ne doivent rien à celles des animaux, que Voiture et Sarrasin ont fait parler. C'est une préparation aux Fables que nous avons vues de lui depuis, et celle-ci est comme la mère de toutes les autres. Ces poissons disent que s'ils ont quitté leur patrie (1),

> Non, ce n'est pas la faim qui nous a fait sortir
> Du lieu de notre naissance;
> Sans nous vanter, et sans mentir,
> Nous y trouvions en abondance
> De quoi souler nos appétits.
> Si les gros nous mangeoient, nous mangions les petits,
> Ainsi que l'on fait en France.

Il nous est tombé entre les mains, deux autres fragmens précieux de ce Songe de Vaux, qui n'ont jamais été imprimés. L'un est intitulé: *Comme Silvie honora de sa présence les dernières chansons d'un Cygne qui se mouroit,*

---

(1) Tome 1. p. 241.

et des aventures du Cygne (1). Le Poëte nous apprend là pourquoi les Cygnes chantent en mourant. Jupiter emprunta autrefois le corps d'un Cygne, pour approcher plus facilement de Léda, et parce que lui ayant chanté son amour sous cette figure, elle en fut touchée, et que Jupiter reprit aussitôt la forme d'un dieu, il ordonna, en mémoire de cette aventure, qu'autant de fois que l'ame du Cygne, où il avoit logé, passeroit d'un animal de la même espèce en quelque autre corps, cet animal chanteroit si melodieusement, que chacun en seroit charmé; cette fiction engage notre Poëte à parler de la Métempsycose, et à en parler mieux que les Philosophes. Platon avec ses graces n'eût pu la mieux décrire.

Ce que tu vois d'animaux et d'humains
Troque sans cesse, et devient autre chose.
Toute ame passe en différentes mains :
Telle est la loi de la Métempsycose,
Que le sort tient dans ses livres enclose,
Car ici bas il aime à tout changer,
Selon qu'il veut nos esprits héberger.
L'ame, d'habit bien ou mal assortie,
D'un roi se vêt, en sortant d'un berger;
Puis d'un berger, étant d'un roi sortie.

Les aventures du Cygne dans ses différens changemens plairont aussi beaucoup, et l'on

---

(1) C'est le 4e. fragment de notre édition, tom. 1. page 245.

sera bien aise de voir cette ame animer dans cette fiction ingénieuse et galante,

Un amant qui de tristesse,
La tête en quatre se fendit;
Un autre qui se pendit
A la porte de sa maîtresse;
Des philosophes, des badins;
Deux ou trois jeunes blondins,
Cinq ou six beautés insignes,
Ayant de beaux cheveux blonds,
Et les cous non pas si longs
Que des Cygnes,
Mais aussi blancs sans mentir.

Nous pensons bien qu'on quittera notre préface pour aller chercher le reste de cet ouvrage, et ce sera très-bien fait, mais il faut que le lecteur aille chercher en même temps le second fragment (1), où il trouvera des galanteries toutes nouvelles, l'amour qui danse aux chansons dans un bal qui se donne au clair de la lune, dont les lustres étoient les étoiles, et des couplets de ces chansons qu'Anacréon voudroit avoir faites. L'Amour dit:

L'autre jour deux belles
Tout haut se vantoient,
Que malgré mes ailes
Elles me prendroient.
Gageant que non, je perdis,
Car l'une m'eut bientôt pris.

Autour de ses charmes,
Me voyant voler,

(1) C'est le 5e., page 256.

Vénus toute en larmes
Eut beau m'appeler.
Celui qui brûle les dieux,
S'alla brûler à ses yeux (1).

Leur éclat extrême
A su m'enflammer.
Le sort veut que j'aime,
Moi qui fais aimer.
On m'entend plaindre à mon tour,
Et l'Amour a de l'amour.

Tout cela étoit fait pour madame Fouquet, et devoit entrer dans la relation du Songe de Vaux. Elle y est appelée tantôt Silvie, tantôt Castille, qui étoit son vrai nom. Il lui adressa encore en ce temps-là une Ballade sur ce qu'elle accoucha avant terme dans son carosse en revenant de Toulouse, où elle avoit voulu suivre M. Fouquet (2).

Vous l'auriez achevé sans qu'il y manquât rien,
De graces et d'amours étant bonne ouvrière.
Dieu ne l'a pas voulu, peut-être pour un bien,
Aux dépens de nos cœurs il eût vu la lumière.

C'est par ces charmes qu'il amusoit le Ministre magnifique et délicat, et qu'il l'entretenoit dans ces goûts délicieux qu'il devoit bientôt perdre.

---

(1) On lit dans notre édition :

Se brûle à de si beaux yeux.

(2) Cette Ballade, ou plutôt ces stances ne se trouvent dans aucune édition. Nous les donnerons à la fin du volume. Celle-ci est la 6e.

Nous placerons à la fin de cette année 1658, une lettre à une Abbesse du Pays-Bas Espagnol, où la guerre étoit alors. Elle vouloit voir La Fontaine, mais il n'aimoit pas Mars, autant qu'il aimoit l'Amour. Il écrivit donc à cette Abbesse une lettre dans le genre marotique pur, et s'essayoit ainsi sur ce genre, à qui il devoit un jour sacrifier tous les autres. Voici quelques traits de cette lettre (1).

Très-révérente Mère en Dieu,
Qui révérente n'êtes guère,
Et qui moins encore êtes mère....
Votre séjour sent un peu trop la poudre,
Non la poudre à têtes friser,
Mais la poudre à têtes briser.
Ce que je crains comme la foudre,
C'est-à-dire, un peu moins que vous.

Il y a une anecdote dans ces vers:

On vous adore en certain lieu,
D'où l'on n'ose vous l'aller dire,
Si l'on n'a patente du sire,
Qui fit attraper Girardin,
Lequel alloit voir son jardin,
Puis le mit à grosse finance.

Il faut savoir pour entendre cela que M. de Barbesiers - Chemerault enleva M. Girardin, qui alloit à Bagnolet, et le mena à Bruxelles, Mais M. de Chemerault ayant été arrêté fut décapité le 4 octobre 1657, et un des chefs de son procès étoit l'enlèvement de M. Girardin.

---

(1) Tome 1. page 38.

Ce qu'il dit à cette Religieuse sur ce qui arriva lors de sa profession et sur ses beautés qu'on enferma dans un cloître, est au-delà de l'élégance et du badinage.

Dessous la clef on les a mis
Comme une chose et rare et dangereuse,
Et pour épargner ses amis
Le ciel vous fit jurer d'être Religieuse.

Ce même jour, pour le certain,
Amour se fit Bénédictin,
Et sans trop faire la mutine
Vénus se fit Bénédictine;
Les Ris, ne bougeant d'avec vous,
Bénédictins se firent tous,
Et les graces qui vous suivirent
Bénédictines se rendirent.
Tous les Dieux qu'en Cypre on connoît
Prirent l'habit de Saint Benoît.

M. Fouquet fit voir cette lettre à madame de Sévigné qui en fut enchantée, et cela donna lieu à un dixain nouveau (1).

De Sévigné depuis deux jours en ça
Ma lettre tient les trois parts de ma gloire.

Et encore à un quatrain:

Je ne m'attendois pas d'être loué de vous (2).

Le commentateur de Despréaux (3) nous a conservé le fragment d'une Ballade de notre Poëte de cette même année 1658, sur le siége

---

(1) Tome 1. page 42.
(2) *Ibid.*
(3) Tome 1. p. 361. édition de Génève in-4°.

soutenu par les Augustins contre le Parlement au mois d'août de cette année, et dont l'histoire est bien racontée dans ce commentaire. Despréaux n'en avoit retenu que ces vers, qu'il ne faut point perdre, et qui feront peut-être retrouver la Ballade entière (1).

Aux Augustins sans alarmer la ville
On fut hier soir, mais le cas n'alla bien :
L'huissier, voyant de cailloux une pile,
Crut qu'ils n'étoient mis là pour aucun bien.
Et dedans peu me semble que je voi
Que sur la mer ainsi que sur la terre,
Les Augustins sont serviteurs du Roi.

On conte à ce propos qu'un des amis de La Fontaine le rencontra sur le Pont Neuf, qui couroit ce jour là du côté de la bagarre, et que lui ayant demandé où il alloit, il répondit simplement, je vais voir tuer des Augustins. Il en parloit comme d'un spectacle ordinaire.

1659.

M. Fouquet qui lui payoit pension avoit aussi exigé que son Poëte lui payât par quartiers une pension en vers : il en convient

(1) Elle a été publiée en entier par l'abbé d'Olivet, et se trouve tome 1. page 10 de notre édition. L'histoire de ce siége est racontée par Brossette, sur le vers 48 du 1er. chant du Lutrin, tome 2. p. 188. de l'édition de Saint-Marc, 1747.

dans une jolie pièce (1) écrite à madame Fouquet en 1659, qui commence :

Je vous l'avoue, et c'est la vérité,
Que Monseigneur n'a que trop mérité
La pension qu'il veut que je lui donne.
. . . .
Pour sûreté j'oblige par promesse
Le bien que j'ai sur le bord du Permesse.
Même au besoin notre ami Pélisson
Me pleïgera d'un couplet de chanson.

Son intention est de retrancher toute autre pension.

Celle d'Iris même, c'est tout vous dire,
Elle aura beau me conjurer d'écrire
En lui payant pour ses menus plaisirs
Par an trois cent soixante et cinq soupirs :
C'est un par jour (la somme est assez grande),
Je n'entends pas après qu'elle demande
Lettre ni vers....

Le premier terme fut payé en une Ballade à madame la Sur-intendante (2).

Comme je vois, Monseigneur votre époux.

Et voici comme il demande quittance à madame Fouquet,

Commandez donc, en termes gracieux,
Que sans tarder, d'un soin officieux,
Celui des Ris, qu'avez pour secrétaire,
M'en expédie un acquit glorieux.

Le second terme fut payé en une autre Bal-

---

(1) Tome 1. page 19.
(2) *Ibid* page 22.

lade qui commence: *Trois fois dix vers*, etc. à l'imitation du Rondeau de Voiture, *Ma foi c'est fait* (1).

Il fit en ce temps là l'Ode pour la paix des Pyrennées qui se traitoit, et qui n'étoit point encore conclue (2). La seconde strophe est :

La paix, sœur du doux repos,
Et que Jules va conclure,
Fait déjà refleurir.....,
Dont je tire un bon augure.

Ces petits points, marqués dans l'édition de Paris (1685), font voir le scrupule que l'on a eu d'y nommer *Vaux*, qui est la rime de repos, elle n'étoit pas difficile à trouver : cette strophe avoit été faite d'abord de cette manière :

Quand Jules, las de nos maux,
Partit pour la paix conclure,
Il alla coucher à Vaux,
Dont je tire un bon augure.

La quatrième strophe est :

Le plus grand de mes souhaits
Est de voir avant les roses,
L'Infante avecque la paix.
Car ce sont deux belles choses.

Si toutes les Odes avoient de ces images vivantes, on ne s'ennuyeroit pas à les lire.

M. Fouquet donna pour sujet du troisième

---

(1) Tome 1. p. 23.
(2) *Ibid* p. 29.

terme la paix des Pyrennées qui étoit faite, et le mariage du Roi; sur quoi le Poëte fit la Ballade (1),

> Dame Bellone ayant plié bagage,
> Est en Suède avec Mars son amant, etc.

Il ajouta une suite pour annoncer le départ de la Reine. C'est un petit conte en dix vers, de l'amour qui calcule ses beautés sur le chemin (2).

> Le pauvre enfant pensa perdre l'esprit
> En calculant, tant la somme étoit haute.

D'autres termes furent payés en Madrigaux, dont le Ministre n'ayant pas été si content, La Fontaine lui répondit (3),

> Bien vous dirai qu'au nombre s'arrêter
> N'est pas le mieux, Seigneur, et voici comme:
> Quand ils sont bons, en ce cas tout prud'homme
> Les prend au poids, au lieu de les compter.
> Sont-ils méchans? tant moindre en est la somme,
> Et tant plutôt on s'en doit contenter.

Celui qui nous a conservé les fragmens de Vaux, nous a conservé encore une épître charmante à M. Fouquet, sur ce que son Poëte avoit été renvoyé un jour sans pouvoir

---

(1) Tome 1. p. 25.

(2) *Ibid* p. 27.

Ils sont partis les jeux, les ris, les graces.

(3) *Ibid* p. 28.

Trois Madrigaux, ce n'est pas votre compte.

lui parler. Il s'en plaint en lui disant (1) :

Renvoyez donc en certain temps
Tous les traités, tous les traitans....
Renvoyez, dis-je, cette troupe,
Qu'on ne vit jamais sur la croupe
Du mont, où les savantes sœurs
Tiennent boutique de douceurs.
Mais que pour les amans des Muses
Votre Suisse n'ait point d'excuses ;
Et moins pour moi que pour pas un ;
Je ne serai point importun.
Je prendrai votre heure et la mienne.

Il lui dit avec sa naïveté, qui ne le quittoit point :

J'eus le cœur gros sans vous mentir,
Un demi-jour, pas davantage.

Peut-être vous iriez croire (2),
Que je souhaite le trépas
Cent fois le jour, ce qui n'est pas,
Je me console et vous excuse ;
Car après tout on en abuse ;
On se bat à qui vous aura.
Je crois qu'il vous arrivera
Chose, dont aux courts jours se plaignent
Moines d'Orbais (3), et sur-tout craignent,

---

(1) Tome 1. p. 31.

Dussai-je une fois vous déplaire.

(2) On lit dans l'imprimé :

Peut-être même iriez-vous croire.

(3) La Fontaine parle des Moines de cette Abbaye, parce qu'elle étoit dans le voisinage de Château-Thierry, sa patrie, et que probablement il avoit rendu plus d'une visite à ces joyeux Moines.

C'est qu'à la fin vous n'aurez pas
Loisir de prendre vos repas.

Puis élevant ce badinage il décrit, avec une sublime simplicité, les fonctions du ministre.

Le Roi, l'état, votre patrie
Partagent toute votre vie
Rien n'est pour vous, tout est pour eux.

Il parle dans cette épître d'un tombeau de certains Rois d'Egypte, que l'on avoit fait venir pour satisfaire la curiosité de M. Fouquet, et cela lui donna lieu de dire

Et vous, Seigneur, pour qui travaille
Le temps, qui peut tout consumer;
Vous, que s'efforce de charmer
L'antiquité, qu'on idolâtre;
Pour qui le Dieu de Cléopâtre
Sous nos murs enfin abordé,
Vient de Memphis à Saint-Mandé,
Puissiez-vous voir ces belles choses
Pendant mille moissons de roses.

Et sur cela quelle réflexion ne fait-il point? Quelle moralité termine cette épître, préférable à toute la philosophie de nos odes?

Mille moissons; c'est un peu trop.
Car nos ans s'en vont au galop,
Jamais à petite journées.
Hélas les belles destinées
Ne devroient aller que le pas.
Mais quoi, le ciel ne le veut pas.
Toute ame illustre s'en console,
Et pendant que l'âge s'envole
Tâche d'acquérir un renom,
Qui fait encore vivre le nom,

Quand le Héros n'est plus que cendre ;
Témoin celui qu'eut Alexandre,
Et celui du fils d'Osiris,
Qui va revivre dans Paris.

Cette épître fut écrite depuis le temps qu'il avoit promis de payer sa pension en vers, et dans le temps du mariage du Roi, car il parle ainsi de lui-même :

Celui qui, plein d'affection,
Vous promet une pension,
Bien payable et bien assignée
A tous les quartiers de l'année;
Qui pour tenir ce qu'il promet
Va souvent au sacré sommet,
Et n'épargnant aucune peine
Il dort exprès tout d'une haleine
Huit ou dix heures règlement,
Pour l'amour de vous seulement.

Et entre les choses qu'il voudroit que son protecteur renvoyât, il met

La Cour, la paix, le mariage,
Et la dépense du voyage,
Qui rend nos coffres épuisés,
Et les guerriers les bras croisés.

Ainsi il est aisé d'assigner à toutes ces pièces leur véritable date, parce que le Poëte a toujours soin de les caractériser, par des traits du temps ou par les images des personnes. Passons à d'autres beautés, et fions-nous à notre auteur, il ne nous en laissera pas manquer.

La mort de Colletet, qui arriva en cette

année, 1659, fit faire une assez plaisante infidélité à notre Poëte, lui seul en eût été capable. Il avoit aimé la femme de Colletet, pendant que son mari vivoit, parce qu'elle faisoit bien des vers. A la mort du mari elle n'en fit plus, c'est que le mari les faisoit et les mettoit sous le nom de sa femme. Elle avoit été sa servante, et est fort connue parmi les Poëtes. Claudine étoit la troisième servante que Colletet avoit épousée, il n'y faisoit point tant de façon, quand il les trouvoit à son gré. La Fontaine étoit assez de ce goût pour ses maîtresses. Il dit quelque part (1).

> Je me contente à moins qu'Horace.
> Quand l'objet en mon cœur a place,
> Et qu'à mes yeux il est joli,
> *Do nomen quodlibet illi.*

Colletet, qui savoit bien qu'après sa mort sa femme ne feroit plus de vers, pour couvrir la chose, fit quelque temps avant que de mourir, sept vers, sous le nom de sa Claudine, par lesquels elle protestoit qu'après la mort de son mari, elle renonçoit à la poésie. Le P. Vavasseur les traduisit en vers latins, et donna l'original et la traduction dans le premier livre de ses épigrammes (2). Nous croyons

(1) Dans la lettre au Prince de Conti, qui commence par ces mots : « je n'ai différé d'écrire à votre » Altesse Sérénissime, etc. ». Tome 2. p. 139.

(2) Page 16. épig. XXIX.—XXX. de l'édition de 1672, in-8°.

pouvoir les transporter ici, sans craindre de passer pour plagiaire, parce qu'ils servent à l'histoire de notre Poëte. Voici les françois:

Le cœur gros de soupirs, les yeux noyés de larmes,
Plus triste que la mort dont je sens les alarmes,
Jusque dans le tombeau je vous suis, cher époux,
Comme je vous aimai d'une amour sans seconde;
Comme je vous louai d'un langage assez doux;
Pour ne plus rien aimer, ni rien louer au monde,
J'ensevelis mon cœur et ma plume avec vous.

Voici les latins:

Alto corde gemens, et fletibus humida largis,
Tristior horribili, pallidiorque nece,
Ad miserum, bone te conjux, sequor usque sepulcrum;
Et placet hic nostram te quoque nosse fidem.
Tu mihi præcipuo semper dilectus amore,
Tu mihi sat culto carmine dictus eras.
Quo, neque amem quemquam post hâc, nec laudibus ornem,
Condo lubens tumulo, cor calamumque tuo.

La Fontaine voyant que la belle Claudine tenoit trop exactement sa parole, lui qui avoit aimé et loué éperdument cette femme du vivant de son mari (1), la quitta quand il vit qu'étant veuve elle ne faisoit plus de vers. (C'est une *quitterie* originale.) Mais non seulement il la quitta, il fit des vers contre elle parce qu'elle l'avoit trompé (2).

Les oracles ont cessé;
Colletet est trépassé.

---

(1) Voyez tome 2, pages 9 et 10, un Sonnet et deux Madrigaux pour Mademoiselle Colletet.

(2) Voyez page 8 du même volume la lettre qui précède le Sonnet:

Sève, qui peins l'objet dont mon cœur suit la loi.

Dès qu'il eut la bouche close,
Sa femme ne dit plus rien.
Elle enterra vers et prose
Avec le pauvre chrétien (1).

Furetière aimoit aussi cette Claudine, et avoit son portrait fait par de Sève, fameux peintre, sur lequel notre Poëte fit un sonnet (2). Un de ses amis se moquant de lui de ce qu'il avoit été attrapé par Mademoiselle Colletet, *d'où venez-vous* (lui dit-il) *de vous étonner ainsi : ne le savez-vous pas bien, que pour peu que j'aime, je ne vois dans les personnes non plus qu'une taupe qui auroit cent pieds de terre sur elle. Si vous ne vous en êtes pas aperçu, vous êtes cent fois plus taupe que moi. Dès que j'ai un grain d'amour, je ne manque pas d'y mêler tout ce qu'il y a d'encens dans mon magasin ; cela fait le meilleur effet du monde. Je dis des sotises en vers et en prose, et serois fâché d'en avoir dit une qui ne fût pas solemnelle. Enfin je loue de toutes mes forces :*

Homo sum qui ex stultis insanos reddam.

Ce qu'il y a, c'est que l'inconstance remet les choses en leur ordre (3). Voilà comme il aimoit, et comme il cessoit d'aimer, et en cela il n'étoit point original, il étoit comme tous

(1) Tome 2. p. 11.
(2) C'est celui dont il est parlé page 21.
(3) Voyez la lettre dont il est question page 21.

les hommes, qui ne voyent point les défauts de ce qu'ils aiment. Mais il le dit autrement que les autres hommes.

La Ballade dont le refrain est: *L'argent surtout est chose nécessaire*, par laquelle il demande à M. Fouquet la réparation du pont de Château-Thierry, qu'il appelle *notre pauvre Cité*, et qui prouve son origine, dont *nous avons parlé d'abord*, est de cette même année 1659 (1).

1660.

Le 26 août 1660, la Reine fit son entrée à Paris. Il en fit une relation en vers, et la donna à M. Fouquet pour le payement d'un des termes de sa pension (2). Les descriptions en sont charmantes, et montrent un homme qui voyoit bien ce qu'il voyoit, et qui savoit bien dire ce qu'il venoit de voir, quoi que La Bruyère en ait dit (3).

Scarron mourut le 14 d'octobre 1660, il

---

(1) Voyez page 1.

(2) Tome 2. p. 1.

(3) « Un homme paroît grossier, lourd, stupide; » il ne sait pas parler, ni raconter ce qu'il vient de » voir. S'il se met à écrire, c'est le modèle des » bons contes; il fait parler les animaux, les arbres, » les pierres, tout ce qui ne parle point: ce n'est » que légéreté, qu'élégance, que beau naturel, et » que délicatesse dans ses ouvrages ». Chapitre XII. *des Jugemens*.

vouloit avant de mourir faire une satire contre le hoquet: La Fontaine fit là-dessus cette épigramme (1):

Scarron, sentant approcher son trépas,
Dit à la Parque : attendez ; je n'ai pas
Encore fait de tout point ma Satire.
Ah ! dit Cloton, vous la ferez la-bas,
Marchons, marchons, il n'est pas temps de rire.

Il fit aussi en ce temps là, l'épitaphe d'un paresseux, qui est la sienne propre (2); celle

---

(1) Tome 1. p. 18. L'editeur dit simplement: *Epigramme sur un mot de Scarron qui étoit près de mourir.* Il a oublié de dire quel étoit ce *mot*, ou plutôt ce *bon mot*, et Marais nous apprend qu'il mouroit avec le regret de n'avoir pas fait une Satyre contre le hoquet, qui probablement le tourmentoit alors.

(2) Pélisson en envoyant à Fouquet l'épitre qui commence par ce vers:

Je vous l'avoue, et c'est la vérité :
(Tome 1. p. 19. de notre édition).

écrivit de sa propre main, au bas de la copie que nous avons sous les yeux « Je ne fais pas difficulté » d'ajouter à cette lettre, que M. de La Fontaine » m'a envoyée, un tableau qu'il fit de la vie d'un » de ses proches, au lieu d'épitaphe, le jour de sa » mort, et une épigramme de six vers, que j'ai » trouvée assez belle et parfaitement bien appli» quée au sujet, qui convient à un paresseux ».

Jean s'en alla, comme il étoit venu ;
Mangea le fonds après le revenu ;
Tint le travail chose peu nécessaire.
Quant à son temps, bien le sut dispenser :

d'un grand parleur (1) ; deux épigrammes tirées d'Athénée (2) ; un rondeau redoublé, *qu'un vain scrupule à ma flamme s'oppose* (3), et nous finirons par là l'année 1660.

1661.

La grossesse de la Reine, et l'arrivée en France de Madame (Henriette d'Angleterre) qui épousa Monsieur, frère du Roi, le 31 mars 1661, fournirent à notre Poëte de quoi bien payer la pension de son protecteur. Il adressa donc à M. Fouquet une lettre en vers et en prose (4), où il est parlé de la grossesse de la Reine, et une ode pour Madame. La lettre commence : *Le zèle que vous avez pour toute la maison royale, me fait espérer que ce terme-ci vous sera plus agréable que pas un autre.... La grossesse de la Reine est l'attente de tout*

Deux parts en fit dont il souloit passer
L'une à dormir et l'autre à ne rien faire.

On lit dans les imprimés, au 2e. vers, *avec le revenu*, et au 3e. *tint les trésors*.

(1) Tome 1. p. 42.

Sous ce tombeau pour toujours dort.

(2) *Ibid* p. 43—4.

Homme qui femme prend, etc.
Ne cherchons point en ce bain, etc.

(3) *Ibid* p. 44.

(4) Tome 2. p. 12.

le monde. On a déjà consulté les astres sur ce sujet

Quant à moi, sans être devin,
J'ose gager que d'un Dauphin
Nous verrons dans peu la naissance.
Thérèse, accomplissant le repos de la France,
Y fera, je m'assure, encor cette façon.

Il y fait entrer l'éloge du Roi qui, après la mort du Cardinal Mazarin, ne voulut plus avoir de Ministre :

Un autre eût tout perdu, quand nous perdimes Jule.
Mais de quel changement est suivi son trépas ?
Louis ne l'ayant plus, sait régir ses provinces,
La machine de nos états,
Qui, sans l'effort de cet Atlas,
Eût fait succomber d'autres Princes,
Ne pèse point au nôtre, et non plus que les cieux
N'a besoin pour support, que du maître des dieux.

L'ode (1) pour Madame est excellente, mais les beautés et les graces merveilleuses de cette Princesse étoient bien au-dessus de la poésie, et quelque effort que le Poëte ait fait pour les représenter, il n'a pu porter l'élévation de l'ode jusque là, et n'a trouvé que Vénus à qui la comparer. Voici comme il lui fait passer la mer.

Une troupe de zéphirs
L'accompagna dans nos côtes.
C'est ainsi que vers Paphos
On vit jadis sur les flots

---

(1) Tome 2. p. 18.

Pendant le cours des malheurs.

Voguer la fille de l'onde,
Et les Amours et les Ris,
Comme gens d'un autre monde,
Etonnèrent les esprits.

Le 17 août, M. Fouquet donna au Roi une grande fête dans sa belle maison de Vaux. La Fontaine en fit encore une description en vers et en prose, qu'il adressa à son ami Maucroy (1). Tout y est vif, enjoué, et gracieux; la jeune Reine n'alla point à cette fête; elle étoit, dit-il, demeurée à Fontainebleau pour une affaire fort importante: *Tu vois bien* (car il tutoyoit son ami) *que je veux parler de sa grossesse, cela fit qu'on se consola.* Les beautés de Madame, qu'il vit de bien près, l'éblouirent, et il dit d'elle, à-propos des dames de la fête:

Toutes entre elles de beauté
Contestèrent aussi, chacune à sa manière.
La Reine avec ses fils contesta de bonté,
Et Madame, d'éclat avecque la lumière.

Il dit en parlant de Molière, qui y fit représenter la comédie des Fâcheux:

De la façon que son nom court,
Il doit être par de-là Rome.
J'en suis ravi, car c'est mon homme:
Te souvient-il bien qu'autrefois
Nous avons conclu d'une voix,
Qu'il alloit ramener en France

---

(1) Tome 3. p. 136. « Si tu n'as pas reçu réponse » à la lettre, etc. ».

Le bon goût et l'air de Térence ?

. . . .

Maintenant il ne faut pas
Quitter la nature d'un pas.

Il déclaroit ainsi son goût pour la nature, qu'il a si bien suivie, et cela répond à ceux qui disent qu'il ne connoissoit que Marot et Rabelais. Nos gens d'aujourd'hui ayant à parler d'un grand peintre en exprimeroient-ils bien aussi poétiquement le caractère qu'il fait ici celui de M. Le Brun :

Le Brun, dont on admire et l'esprit et la main,
Père d'inventions agréables et belles,
Rival des Raphaëls, successeur des Apelles,
Par qui notre climat n'en doit rien au Romain.

Quelques jours après cette fête, M. Fouquet fut arrêté à Nantes, le 7 de septembre 1661. Les ris tournèrent en larmes, et c'est le sujet de cette élégie, qu'un bel esprit de nos jours (1) a trouvé pleine de traits délicats, et qui est en même temps si simple et si touchante. Elle commence (2) :

Remplissez l'air de cris dans vos grottes profondes,
Pleurez nymphes de Vaux. . . . . .
Vous l'avez vu naguerre aux bords de vos fontaines,
Qui sans craindre du sort les faveurs incertaines,
Plein d'éclat, plein de gloire, adoré des mortels,
Recevoit des honneurs, qu'on ne doit qu'aux autels.

Il veut parler de la fête de Vaux, que

(1) Pensées ingénieuses du P. Bouhours.

(2) Tome 1. p. 47.

M. Fouquet avoit donnée quinze jours auparavant,

Pour lui les plus beaux jours sont de secondes nuits.

Ce vers plein de vérité représente bien l'horreur d'une prison. La pièce finit par cet autre vers dont la pensée a paru hardie (1), mais pourtant vraie,

Les destins sont contens : Oronte est malheureux.

1663.

La prison de M. Fouquet ayant duré longtemps, son Poëte, qui dans son affliction ne pouvoit l'aider que de ses vers, adressa au Roi une ode pour lui demander sa liberté (2),

> Depuis le moment qu'il soupire,
> Deux fois l'hiver en son empire
> A ramené les Aquilons.

Il invite le Roi à la guerre contre l'Allemagne et l'Italie :

> Déjà Vienne est irritée
> De ta gloire aux astres montée ;
> Ses monarques en sont jaloux :
> . . . .
> Va t'en punir l'orgueil du Tibre ;
> Qu'il se souvienne que ses loix
> N'ont jadis rien laissé de libre,
> Que le courage des Gaulois.

Il flatte ainsi le Roi sur la valeur de sa

(1) Pensées ingénieuses du P. Bouhours.

(2) Tome 1. p. 49.

Prince qui fais nos destinées.

nation invincible, même aux Romains, et c'est un grand trait d'ode : puis il passe à un trait touchant et tendre :

> L'Amour est fils de la Clémence,
> La Clémence est fille des Dieux,
> Sans elle toute leur puissance
> Ne seroit qu'un titre odieux.

En cette même année 1663, La Fontaine accompagna M. Jannart, substitut de M. le Procureur-général, qui alloit à Limoges par ordre du Roi. La relation de ce voyage, qu'il écrivit à sa femme en vers et en prose, remplit quatre grandes lettres (1). Les connoisseurs jugeront qui doit l'emporter, ou des graces naïves de ce voyage raconté par un mari à sa femme, sans aucune affectation, ou des ingénieuses fictions du voyage de Chapelle et de Bachaumont, préparées pour plaire, et qui ont produit un si grand effet dans tous les esprits. Notre Poëte peint d'après nature. La première lettre est datée de Clamart, le 25 août 1663, pour parler du beurre et des laitages : il la finit par dire, *faites bien des recommandations à notre marmot, et dites lui que peut-être j'amenerai de ce pays-là, (de Limoges) quelque beau petit chaperon pour le faire jouer, et lui tenir compagnie :* On voit là qu'il avoit un fils. La seconde lettre contient le recit des aventures d'un coche, et une

(1) Tome 2, p. 25.

histoire galante en prose, qui ne doit rien aux contes en vers. Dans la troisième on trouve une tradition fabuleuse et poétique des Bossus d'Orléans, écrite dans son style original, et qui ne peut manquer d'être admirée, même par les bossus. On y trouve encore une description magnifique de la Loire, et de la Levée, et des traits d'un grand poëte, qui lui échappent domestiquement avec sa femme. Il finit cette lettre par ces mots : *Nous devons nous lever demain devant le soleil, bien qu'il ait promis en se couchant qu'il se leveroit de grand matin. Cependant j'emploie les heures qui me sont les plus précieuses à vous faire des relations, moi qui suis enfant du sommeil et de la paresse. Qu'on me parle après cela de maris qui se sont sacrifiés pour leurs femmes. Je prétens les surpasser tous.* Le voilà déclaré dormeur et paresseux, c'est ce qu'il a dit avec un tour si singulier dans un de ses contes (1).

Et par Saint-Jean, si Dieu me prête vie,
Je le verrai ce pays où l'on dort.
On y fait plus, on n'y fait nulle chose,
C'est un emploi que je recherche encor.

Et dans son épitaphe, où il fait le partage de son temps,

Deux parts en fit, dont il souloit passer
L'une à dormir et l'autre à ne rien faire.

---

(1) Le Diable de la Papefiguière.

La quatrième lettre exprime très-bien sa tendresse pour son protecteur, qui étoit alors prisonnier. Il voulut voir la prison où on l'avoit mis d'abord, à Amboise. Ne pouvant la voir en dedans, il fut long-temps à en considérer la porte. Une circonstance si touchante prouve mieux la bonté de son cœur, que la plus belle élégie, et caractérise bien ce bon homme, à qui la douleur arrache une description qu'il ne vouloit pas faire :

Qu'est-il besoin que je retrace
Une garde au soin non pareil ?
Chambre murée, étroite place,
Quelque peu d'air pour toute grace,
Jours sans soleil,
Nuits sans sommeil,
Huit portes en six pieds d'espace ?
Vous peindre un tel appartement,
Ce seroit attirer vos larmes.
Je l'ai fait insensiblement ;
Cette plainte a pour moi des charmes.

Il y a dans cette dernière lettre une description de la ville de Richelieu, en quatrains. Elle finit par des réflexions sur le pouvoir du Cardinal de Richelieu, qui auroit pu, lui qui pouvoit tout, faire passer aux pieds de cette ville, ou la rivière de Loire, ou le grand chemin de Bordeaux, et au défaut, choisir un autre endroit pour bâtir.

Au reste, nous ne savons où le commentateur de Despréaux a pris que La Fontaine, après avoir plaisanté en mille endroits de ses poésies sur la galanterie, et l'infidélité des femmes, ne laissa pas de se marier. Car il étoit marié et avoit des enfans avant l'année 1663, et avant ce temps-là il n'avoit point encore plaisanté sur les femmes; son conte de Joconde, qui est son premier conte, et qu'il a intitulé d'abord, de l'Infidélité des Femmes, n'ayant paru qu'en 1664, comme on le peut voir dans le Journal des Savans de M. De Sallo, du 20 janvier 1665. Il faut donc réformer ce commentaire, et en ce point, et en bien d'autres, où la réputation de Despréaux, peu ménagée, souffre beaucoup par l'abus que l'auteur a fait de la confiance et de la candeur de ce grand homme. Il a avoué ses foiblesses à son ami, mais il n'a pas dû croire que son ami les rendroit publiques.

On peut placer en cette même année une élégie pour un prisonnier (1) *Vous demandez, Iris, ce que je fais.* Et y remarquer ce sentiment d'un homme qui, comme on l'a dit de Descartes, devoit avoir couché avec la nature:

Si l'on m'aimoit, je suis sûr que l'on m'aime :
Mais m'aimoit-on? c'est-là ma peine extrême,
Dites-le moi, puis le recommencez.
Combien ? Cent fois? Non, ce n'est pas assez.
Cent mille fois ? hélas! c'est peu de chose.
Je vous dirai, belle Iris, si je l'ose,
Qu'on ne le croit qu'au milieu des plaisirs,
Que l'hyménée accorde à nos désirs;

(1) Tome 1. p. 82.

Et sur ce point un tel soin nous dévore,
Qu'en le croyant on le demande encore.

L'auteur du poëme *de la Grace*, n'a pas dédaigné d'imiter ce dernier vers dans une matière toute sainte, et de dire des biens de la grace.

Par des vœux enflammés mon ame les implore,
Et quand je les reçois je les demande encore.

1664.

La Ballade sur Escobar, dont le refrein est: *Escobar fait un chemin de velours*, que Richelet a citée en son dictionnaire, au mot *velours*, et ses stances sur le même Escobar, sont de cette année (1).

1665.

Le Poëme, ou l'Idylle d'Adonis, comme il l'appelle lui-même, vient ensuite : quoi qu'Adonis n'ait paru qu'en 1669, avec sa Psyché, car il dit dans son avertissement (2), qu'il y a long-temps que cet ouvrage étoit composé. *je joins*, dit-il, *aux amours du fils, celles de la mère ; et j'ose espérer que mon présent sera bien reçu, nous sommes en un siècle où on écoute assez favorablement tout ce qui regarde cette famille.* On les sépare ici, parce que Psyché peut faire un volume à part. La Fon-

(1) On les trouvera à la fin du volume.

(2) Tome 4 à la tête du poëme d'Adonis.

taine y donne son caractère dès le commencement.

Je n'ai jamais chanté que l'ombrage des bois,
Flore, Echo, les zéphirs, et leurs molles haleines,
Le verd tapis des prés, et l'argent des fontaines.

On y trouve ce beau portrait de Vénus :

Rien ne manque à Vénus, ni les lys, ni les roses,
Ni le mélange exquis des plus aimables choses,
Ni le charme secret dont l'œil est enchanté,
Ni la grace plus belle encore que la beauté.

Il nous apprend que lorsqu'il a fait ce poëme, il s'étoit toute sa vie exercé dans ce genre de poésie, que nous nommons héroïque, qui est le plus beau de tous, le plus fleuri, et le plus susceptible d'ornemens. Alors il avoit une maîtresse, ou fausse, comme les poëtes s'en font, ou vraie; car il n'en manquoit point. C'est à elle qu'il dédie son Adonis :

Aminte, c'est à vous que j'offre cet ouvrage.
Mes chansons et mes vœux tout vous doit rendre hommage;
Trop heureux, si j'osois conter à l'univers
Les tourmens infinis, que pour vous j'ai soufferts.

L'églogue de *Climène et d'Annette* peut fort bien accompagner le poëme d'Adonis ; elle est ancienne et dans le vrai style de bergerie, plus encore de Théocrite que de Virgile (1).

Et nous placerons aussi en cette année 1665, le sonnet pour Mademoiselle d'Alençon, fille

---

(1) Tome 1. p. 84.

Je ne veux plus aimer, etc.

de Gaston, Duc d'Orléans, qui fut depuis mariée le 15 juin 1667, à M. le Duc de Guise (1).

Le Journal des Savans de Paris, du 26 janvier 1665, parle de la *Joconde* (2), *de la Matrone d'Ephèse* et du conte *du Cocu, battu et content.* M. de Sallo, qui étoit d'un goût difficile, n'a pas bien jugé de la Joconde de notre Poëte, il lui a presque égalé la misérable pièce de Bouillon. Despréaux en a bien jugé autrement, dans cette excellente dissertation qu'il a faite exprès pour justifier le conte de La Fontaine. Le journaliste trouve aussi quelque chose à redire à la Matrone d'Ephèse, pour la pureté de la langue; et il dit, sur le conte, que La Fontaine a essayé des vers libres, et des vers imités du temps de Marot, et qu'il se propose, selon que l'un ou l'autre genre plaira, de s'en servir dans les ouvrages qu'il doit donner au public. Il les a tous deux suivis depuis

(1) Tome 1. p. 53.

Ne serons-nous jamais affranchis des alarmes.

(2) Il y a un privilége particulier pour imprimer la Joconde. Il est du 14 janvier 1664, elle fut achevée dimprimer le 10 janvier 1665. Elle étoit intitulée, Joconde, ou de l'infidélité des femmes. Il y en eut une dernière édition chez Barbin, en 1667, avec plusieurs autres contes: on en ôta la Matrone d'Ephèse. Le privilége de la seconde de 1664, est dans cette édition, et il parut une troisième édition de ces mêmes contes en 1669, chez Billaine.

(Note de l'Auteur.)

dans ses compositions. Voilà les premiers contes qui avoient paru dès l'année 1664.

1667.

On vit paroître à Paris deux éditions de ses autres Contes et Nouvelles en vers, avec deux priviléges du Roi, des 20 octobre 1665, et 6 juin 1667. Le public les reçut avec des applaudissemens infinis (1). Comme le présent recueil ne contient ni contes ni fables, on n'a tiré de ces volumes que quelques pièces qu'il y a mêlées, qui ne sont ni de l'un, ni de l'autre genre, et qui méritent d'être conservées. Telles sont la Ballade: *Je me plais aux livres d'amour* (2). Le fragment des amours de Mars et de Vénus (3) ; et l'Arrêt d'amour (4) qui est une imitation des anciens Arrêts d'Amours de Martial d'Auvergne, et que Benoît De Court a commentés en latin. On a déjà fort bien remarqué que La Fontaine, qui n'étoit pas assurément un grand

---

(1) On fit bientôt en Hollande une nouvelle édition des contes. La Fontaine en parle à la fin de sa *Coupe enchantée;* et dit, que cette impression lui fait plus d'honneur qu'il n'en mérite.

(Note de l'Auteur.)

(2) Tome 1. p. 278.

Hier je mis Cloris en train de discourir.

(3) *Ibid* p. 272.

Vous devez avoir lu, etc.

(4) *Ibid* p. 16.

Les gens tenant le parlement d'Amours.

critique, a pourtant, dans la Ballade des livres d'amour, décidé très-heureusement un point difficile, sur l'ancienneté d'entre Achille Tace, auteur du roman de Clitophon, et Héliodore, que les savans ignoroient, et qui se trouve vrai (1).

Clitophon a le pas par droit d'antiquité,
Héliodore put par son prix le prétendre.

Je remarquerai ici que la dissertation de Despréaux sur la Joconde, est jointe à la deuxième édition des contes, depuis 1669. Despréaux voulut donc bien que cette pièce accompagnât les contes publiquement, et c'est ce que son commentateur n'a point remarqué, en donnant depuis peu cette dissertation parmi les ouvrages de Despréaux. Il a au contraire voulu nous faire entendre que Despréaux, qui n'étoit pas homme à abandonner le juste mérite de ses ouvrages, ne faisoit pas grand cas de cette dissertation. Il y a dans cette même édition de 1669, deux préfaces en prose, où La Fontaine justifie, tant bien que mal, la licence de ses contes. *La gaieté de ces contes passe*, dit-il, *légèrement. Je craindrois bien plutôt une douce mélancolie, ou les romans les plus chastes, et les plus modestes sont capables de nous plonger; ce qui est une grande*

(1) Il est bien prouvé aujourd'hui que Héliodore est antérieur à Achilles Tatius. Ainsi les vers de La Fontaine ne font point autorité.

préparation pour l'amour. On lui en fit une affaire auprès du Roi; cela inquiéta un peu ses muses, et lui inspira la Ballade *Roi vraiment Roi* (1), où dans l'envoi il dit au Roi, à qui on lui avoit conseillé de s'adresser :

Ce doux penser, depuis un mois, ou deux,
Console un peu mes muses inquiètes.
Quelques esprits ont blamé certains jeux,
Certains écrits, qui ne sont que sornettes :
Si je défère aux leçons qu'ils m'ont faites,
Que veut-on plus? Soyez moins rigoureux
Plus indulgent, plus favorable qu'eux.

On conte qu'ayant voulu donner cette pièce au Roi, un grand Seigneur le présenta. Mais après l'avoir bien cherchée dans ses poches, il ne la trouva point, il l'avoit oubliée, et le Roi lui dit avec bonté, que ce seroit pour une autre fois.

Il nous apprend lui-même, que les critiques trouvoient de l'obscurité dans ses Contes. Il dit dans une de ses fables à Mademoiselle de Sillery (2):

Mes contes à son avis
Sont obscurs : les beaux esprits
N'entendent pas toute chose.

1669.

C'est en cette même année 1669, que parut la Psyché dont nous avons déjà parlé. Elle est dédiée à Madame la Duchesse de Bouillon.

---

(1) Tome 1. p. 112.

(2) Tircis et Amarante.

J'avois Esope quitté.

Le privilége est du 2 mai 1668; elle a été réimprimée en ces derniers temps, et on y a reconnu que La Fontaine est bien au-dessus d'Apulée, et pour le recit et pour les inventions. Le savant homme (1) qui a fait des additions au Ménagiana (Tom. 4. p. 153.), l'appelle *l'admirable Psyché*, et y renvoie, pour voir l'effet de la beauté, lorsque Psyché entre dans le temple de Vénus. Nous y renvoyons aussi les lecteurs, afin qu'ils connoissent combien notre Poëte étoit *spectator formarum elegans*.

Madame de Bavière, Mauricette Febronie de La Tour, fille du Duc de Bouillon (Frédéric Maurice), qui avoit épousé le Prince Maximilien de Bavière, le 24 d'avril 1668, à Château-Thierry, voulut avoir une lettre de La Fontaine, sur ce qui se passoit dans le monde, et il lui en écrivit une, d'une variété surprenante (2), où il lui parle de l'élection du Roi de Pologne, à laquelle on travailloit alors, du mérite de tous les prétendans, de la guerre de Candie, puis de tous Messieurs de Bouillon, qui étoient frères de Madame de Bavière, et il fait le portrait de chacun :

Deux de vos frères sur les flots
Vont secourir les Candiots (3).

---

(1) La Monnoye.

(2) Tome 1. p. 57.
Votre Altesse Sérénissime.

(3) Ce fut en 1669 que ce secours fut envoyé en Candie.

O combien de Sultanes prises,
Que de croissans dans nos églises ?
Quel nombre de turbans fendu !
Tête et turban, bien entendu.

Les vers suivans sont une prédiction du chapeau de Cardinal, que M. le Cardinal de Bouillon obtint quelque temps après :

Le Duc d'Albret donne à l'étude,
Sa principale inquiétude.
Toujours il augmente en savoir ;
Je suis jeune assez pour le voir
Au-dessus des premières têtes.
Son bel esprit, ses mœurs honnêtes,
L'éleveront à tel degré,
Qu'enfin je m'en contenterai.

Il eut bientôt lieu d'être content, car le Duc d'Albret fut créé Cardinal du titre de St.-Pierre-aux-liens, le 4 d'août de cette même année 1669, par le Pape Clément IX, à la nomination du Roi. Le Poëte ravi de sa prophétie en fit ces vers (1) :

Je n'ai pas attendu pour vous un moindre prix ;
De votre dignité je ne suis point surpris :
S'il m'en souvient, Seigneur, je crois l'avoir prédite.
Vous voilà deux fois Prince, et le rang glorieux
Est en vous désormais la marque du mérite,
Aussi bien qu'il l'étoit de la faveur des cieux.

Pendant qu'il écrivoit sa lettre, l'élection se fit en Pologne. Tous les prétendans étran-

---

(1) Tome 1. p. 62.

gers furent exclus, et l'argent employé par eux devint inutile :

> On s'est en Pologne choisi
> Un Roi dont le nom est en ski (1).
> . . . .
> Notre argent, celui des états,
> Et celui d'autres potentats,
> Bien moins en fonds, comme on peut croire,
> Force santés aura fait boire,
> Et puis c'est tout. Je crois qu'en paix,
> Dans la Pologne désormais,
> On pourra s'élire des Princes,
> Et que l'argent de nos provinces
> Ne sera pas une autre fois,
> Si friand de faire des Rois.

Ainsi notre Poëte avoit l'oeil à tout, parloit de tout, et parloit de tout très-bien. Sur la fin de ses jours il écrivoit des lettres à M. le Prince de Conti, et à M. de Vendôme (2), dans le même genre. Son commerce dans tous les temps a toujours été avec tout ce qu'il y avoit de plus grand.

1671.

Nous avons beaucoup à dire sur l'année 1671. Le 27 janvier de cette année, Barbin acheva d'imprimer à Paris, un nouveau tome de *Contes et Nouvelles en vers*, avec privilége.

---

(1) Ce fut Michel Konybut Wisniowieczki qui fut élu le 19 septembre 1669, et couronné le 29.

(2) On trouve ces lettres dans le tome 2.

On y trouve :

1. *Les Oies de Frère Philippe*, tiré du prologue de la quatrième nouvelle de Boccace.

2. *La Mandragore*, tirée d'une comédie de Machiavel, que Rousseau a excellemment traduite depuis peu en français, et qui a été mise en Angleterre dans le supplément de ses ouvrages.

3. *Les Rhémois.*

4. *La Coupe enchantée*, entièrement finie et dont il n'y avoit qu'un fragment dans les précédentes éditions de 1667 et 1669.

5. *Le Faucon*, cette nouvelle si tendre, qui a fait pleurer, même les plus indifférents.

6. *La Courtisanne amoureuse.*

7. *Nicaise*, qui est la trente et unième nouvelle du *Sabordino*.

8. *Le Bast*, petit conte tiré de la vingt-huitième Sérée de Guillaume Bouchet.

9. *Le Baiser rendu.*

10. *Alix malade.*

11. *Deux imitations d'Anacréon.*

12. *Le petit Chien qui secoue de l'argent et des pierreries*, nouvelle tirée de l'Arioste.

Et ils se trouvent tous dans les recueils des contes, qui ont été faits de temps-en-temps, mais on n'y a mis, dans aucun, deux belles pièces de ce recueil de 1671, qui est devenu fort-rare, et qui sont comme perdues. L'une a pour titre, *Le différent de beaux Yeux et de belle Bouche* (1), ou chacun plaide sa cause devant le juge d'Amathonte. Belle Bouche dit entre autres choses :

J'ai bien plus d'un métier ;
Mais j'ignore celui de répandre des larmes ;
De bon cœur je le laisse à Beaux Yeux tout entier.
. . . .
Belle Bouche fait des soupirs,
Tels à peu près que les zéphirs
Dans la saison des violettes.

Beaux Yeux répliquent :

Que c'est par eux qu'amour s'introduit dans les cœurs.
Pourquoi leur reprocher les pleurs ?
Il ne faut donc pas qu'on soupire ?

L'avocat de Beaux Yeux fit sa péroraison :

Des regards d'une intervenante.
Cette belle approcha d'une façon charmante...
Philis eut quelque honte, et puis sur l'assistance,
Répandit des regards si remplis d'éloquence,
Que les papiers tomboient des mains.

Belle Bouche avoit peu de chose à opposer à des regards si vifs, et qui se font voir dans ces vers presque aussi fortement que dans les yeux. Cependant elle gagna sa cause par une raison que l'on verra dans son plaidoyé.

On préféra Belle Bouche à Beaux Yeux,
Belle Bouche baisa son juge de son mieux.

La seconde pièce est une comédie, intitulée *Climène* (2), dont les personnages sont,

---

(1) Tome 1. p. 6.
Belle Bouche et Beaux Yeux, etc.

(2) Tome 2. p. 175.

Apollon, les neuf Muses, et Acante. La scène est au Parnasse, le Muses y louent Climène, chacune suivant leur caractère: les louanges y sont fines, délicates, *friponnes*. Car c'est un terme de cette comédie. Elle se dénoue galament en faveur d'Acante, qui fait le recit d'une aventure heureuse pour lui, et d'une faveur d'amour très-singulière. Le Poëte y montre, qu'il savoit atteindre à tous les genres. Mais l'on ne sait s'il est permis de flatter le goût des lecteurs sur une pièce, dont quelques endroits sont un peu trop libres. Prenons seulement quelques traits personnels: Apollon se plaint qu'on ne sait plus parler d'amour:

Les belles n'ayant pas préparé la matière,
Amour et vers, tout est fort à la cavalière.
Adieu donc, ô beautés, je garde mon emploi
Pour les Sur-intendans sans plus, et pour le Roi.

Il semble donc que cette comédie ait été faite du temps de M. Fouquet, et nous l'aurions dû placer d'abord. Mais en quel temps précisément? on ne le sait pas. Acante est La Fontaine lui-même, qui fit cette galanterie pour une maîtresse qu'il avoit prise en arrivant de province.

La province, il est vrai, fait toujours son séjour,
Ainsi l'on n'en fait point de bruit en votre cour.

Il dit de l'amour:

Ce mot renferme en soi je ne sais quoi de doux;
Un son qui ne déplaît à pas une de nous.

Et un bel esprit de nos jours (1), dont la moindre qualité est d'être poëte, s'est souvenu de ces vers dans une églogue, où il a dit de même :

Ces mots plairont toujours, n'eussent-ils que le son.

Apollon ne se rebute pas quand on lui dit qu'Acante est fou, et qu'il l'est dans l'excès pour Climène :

Tant mieux, j'en suis fort aise,
Nous le demandons tel. Je ne vois rien qui plaise,
En matière d'amour, comme les gens outrés.

Thalie fait un portrait très-reconnoissable de notre Poëte, qui s'est peint ici lui-même :

Sire, Acante est un homme inégal, à tel point,
Que d'un moment à l'autre on ne le connoît point.
Inégal en amour, en plaisir, en affaire ;
Tantôt gai, tantôt triste ; un jour il désespère ;
Un autre jour il croit que la chose ira bien.
Pour vous en parler franc, nous n'y connoissons rien.

Clio chante une Ballade à l'honneur de Climène. Apollon demande à Calliope des vers sur le ton de

Deux écrivains fameux, je veux dire Malherbe,
Qui louoit ses héros en un style superbe ;
Et puis maître Vincent (2) qui même auroit loué
Proserpine et Pluton en un style enjoué.

---

(1) Fontenelle. IXe. Eglogue. ISMÈNE.
Vous qui par vos attraits, à peine encor fournis.

(2) Voiture.

Puis s'expliquant sur l'imitation :

Car vouloir qu'on n'imite aucun original,
N'est mon but, ni ne doit non plus être le vôtre.
Hors ce qu'on fait passer d'une langue en une autre,
C'est un bétail servile, et sot, à mon avis,
Que les imitateurs (1) ; on diroit des brebis,
Qui n'osent s'avancer, qu'en suivant la première,
Et s'iroient, sur ses pas, jeter dans la rivière.

La décadence des arts et des sciences est prédite par Apollon, dans ces beaux vers qui marquent un temps qui ne viendra peut-être que trop tôt, et dont un académicien françois, zélé pour sa nation et pour sa langue, a fixé l'époque, dans la préface des œuvres de M. de Tourreil (2).

Nous vieillissons enfin tout autant que nous sommes
De Dieux, nés de la fable et forgés par les hommes.

---

(1) *O imitatores, servum pecus!*
Hor. Ep. I. xix. 19.

(2) L'abbé Massieu.

Nous rapportons ici le passage de cet académicien célèbre, parce qu'on le croiroit écrit de nos jours.

« On ne saurait trop le (le public) prémunir con-
» tre les fautes des auteurs célèbres, dont le mau-
» vais exemple est d'autant plus dangereux, qu'ils
» ont plus de réputation et de mérite. Que si une
» pareille précaution peut jamais être nécessaire,
» certainement c'est en ce temps, où il semble qu'on
» ait formé le dessein de bouleverser notre langue,
» et de corrompre entièrement le goût. Car enfin,
» si j'ose pour un moment perdre de vue mon sujet,

Je prévois par mon art un temps où l'univers
Ne se souciera plus ni d'auteurs, ni de vers ;

» à quels excès ne se porte-t-on pas de nos jours ? » Non seulement on veut nous arracher des mains » les grands modèles que l'antiquité nous a laissés; » Mais on tâche encore de nous détourner des rou- » tes sûres que d'excellents écrivains nous ont tra- » cées depuis cinquante ans ». (Cette préface fut écrite en 1719, c'est-à-dire, lorsque la dispute sur les anciens et les modernes allumoit une guerre littéraire, qui finit, comme presque toutes les guerres, par lassitude ou par épuisement.) « On commence à trou- » ver que leurs ouvrages sont trop simples, trop » uniformes, trop négligés. On abandonne les beau- » tés naturelles qui faisoient tout l'objet de leurs » soins, et l'on ne court qu'après des ornemens re- » cherchés. On s'éloigne de leur style périodique et » nombreux, pour se jeter dans un style coupé et » dépourvu d'harmonie. Aux irrégularités heureuses » qu'ils laissoient à dessein dans leurs écrits, et qui, » en effet, contribuent beaucoup à donner de l'éner- » gie et de la vivacité au discours, on substitue une » triste exactitude, qui ne fait qu'énerver la diction » et la rendre moins rapide. Qu'arrive-t-il de » ces nouveautés? que notre prose n'a plus les graces » de celle des Voitures, des Sarrasins, des Pélissons; » que notre poésie n'a plus la naïveté, ni la force » de celle des Malherbes, des Corneilles, des Racines, » des Despréaux, des La Fontaine. L'une et l'autre » ne sont remplies que de pointes, que d'antithèses, » que d'affeteries, que de rafinemens. On ne veut » plus rien dire qu'avec esprit. Autant de mots au- » tant de traits. Une ode n'est aujourd'hui qu'une

Où vos divinités périront, et la mienne.
Jouons de notre reste, avant que ce temps vienne.

Auroit-on dit que dans une comédie dont

» suite d'épigrammes, rangées méthodiquement bout-
» à-bout. Une préface n'est qu'un amas de réflexions
» alambiquées, revêtues de phrases brillantes. Dans
» tous les autres ouvrages, de quelque nature qu'ils
» soient, et sur quelque matière qu'ils roulent, tout
» étincelle, tout pétille. Au lieu de semer les fleurs
» par pincées, ainsi que l'ordonnent les maîtres de
» l'art, on les verse avec la corbeille. On fait des
» mots de son autorité privée; on abuse de ceux qui
» sont faits, et on les allie si monstrueusement que
» les lecteurs sont tout étonnés de les voir à côté les
» uns des autres. Ce furent de pareilles libertés qui
» perdirent une des plus belles langues qui ait ja-
» mais été, je veux dire celle que les Romains ont
» parlée. Craignons que le temps où nous vivons ne
» soit, à l'avenir, l'époque de la décadence de la
» nôtre; et que, comme les grands hommes qui
» nous ont précédés en ont été les Cicérons et les
» Virgiles, nous n'en soyons aux yeux de la posté-
» rité, les Sénèques et les Lucains. Ce qu'il y a de
» certain, c'est que dans le péril dont les lettres
» françoises sont menacées, ceux qui les aiment et
» qui s'intéressent à la gloire de notre nation, ne
» peuvent faire trop d'efforts pour retenir le bon
» goût qui nous échappe, pour repousser le mau-
» vais qui nous gagne, et pour conserver au moins
» notre langue dans le degré de perfection où nos
» pères l'avoient portée ».

Page XVII de l'édition in-4°. de 1721.

le fonds n'est qu'un pur badinage, on eût trouvé toutes ces beautés? Elles y sont, et nous épargnons la peine de les chercher. Passons à un autre recueil.

Au mois de mars de la même année 1671, Thierry donna un autre volume qui a pour titre : *Fables nouvelles, et autres poésies de M. de La Fontaine*, qui est devenu fort rare. Il est dédié à M. le Duc de Guise, qui avoit épousé Mademoiselle d'Alençon. Nous en avons déjà tiré plusieurs pièces, que nous avons rangées dans leurs temps, comme : *le Songe de Vaux. La Lettre sur la grossesse de la Reine, l'Ode à Madame, les vers sur la femme de Colletet, la Ballade du pont de Château-Thierry, l'Élégie sur la disgrace de M. Fouquet, la lettre à Madame de Bavière, le Rondeau redoublé*, et plusieurs petites pièces.

Il ne nous reste plus que l'épître dédicatoire à M. le Duc de Guise, qu'il ne faut pas perdre (1), un *Sonnet pour Mademoiselle de Poussay* (2), des vers pour *Mignon*, Chien de S. A. R. Madame, Douairière d'Orléans (3), qui font souvenir du partage que firent du jardin du Luxembourg Mademoiselle (de

(1) Tome 2. p. 60.

(2) Tome 1. p. 54.

J'avois brisé les fers, etc.

(3) *Ibid* p. 55.

Petit Chien que les destinées.

Montpensier) et Madame de Guise. On se promenoit dans un côté, et on ne se promenoit point dans l'autre. Notre Poëte dit au petit Chien.

Que te faut-il ? un peu d'amour.
Dans un côté du Luxembourg
Je t'apprends qu'Amour craint le Suisse,
Même on lui rend mauvais office
Auprès de la divinité,
Qui fait ouvrir l'autre côté.

Il nous revient encore quatre élégies peu plaintives, et qui ne sont pas vêtues en longs habits de deuil (1). Il parle dans la première des contre-temps qui lui sont arrivés en amour.

J'approchai du logis, on vint, on me parla,
Ma fortune à ce coup me sembloit assurée.
Venez demain, dit-on, la clef est égarée ;
Le lendemain l'époux se trouva de retour.
Hé bien! me plains-je à tort? Me joues-tu pas Amour?

Ce dernier vers n'est pas trop bon, et on peut appliquer à notre Poëte, ce qu'a dit M. Pélisson de Voiture, il méprise souvent les règles, mais en maître.

La deuxième est sur une beauté nouvelle. Il avoit renoncé à l'amour. Il y retourne, et ne se soucie pas de rencontrer une ingrate.

Que faire? mon destin est tel, qu'il faut que j'aime;
On m'a pourvu d'un cœur, peu content de lui-même,

---

(1) Tome 1. p. 62 et suivantes.

Inquiet, et fécond en nouvelles amours....
Si l'on ne suit l'amour, il n'est douceur aucune.
Ce n'est point près des Rois que l'on fait sa fortune.
Quelque ingrate beauté qui nous donne des lois,
Encore en tire-t-on un souris quelquefois,
Et pour me rendre heureux un souris peut suffire.

Ce n'est pas là un poëte qui fait le langoureux pour quelque Iris en l'air, c'est un véritable amant, et pour l'élégie, dit Despréaux, *C'est peu d'être poëte, il faut être amoureux* (1).

La troisième élégie est contre son rival :

Tandis qu'en vous voyant il goûte des délices,
Vous le rendez heureux encor par mes supplices.
Il en jouit, Climène, et vous y consentez,
Vos regards et mes jours par lui seront comptés.

La quatrième est sur la jalousie; et cette passion y est marquée par de bons traits :

J'avois cru jusque ici bien connoître l'amour,
Je me trompois, Climène, et ce n'est que d'un jour
Que je sais à quel point peuvent monter ses peines.
La jalousie aux yeux, incessamment ouverts,
Monstre toujours fécond en fantômes divers.

. . . .

La jalousie y joint à présent son ennui,
Hélas! je ne connois l'amour que d'aujourd'hui.

Ces quatre élégies composent une espèce d'Art d'aimer, ou un cours dans la *Science d'amour*, et nous avons cru qu'il nous étoit autant permis dans cette préface, qui est historique et critique tout ensemble, d'en extraire quelques endroits principaux pour for-

---

(1) Art poétique II. 44.

mer le caractère de notre poëte sur ses ouvrages, qu'il a été permis à Bayle de faire celui d'Ovide sur les siens: la différence du temps où ces poëtes ont vécu n'y fait rien du tout. Ce sont deux poëtes d'ailleurs assez semblables pour les traiter de même façon.

Enfin, le poëme d'*Adonis* revient encore dans ce recueil de 1671. La Fontaine après l'avoir joint à *Psyché*, en 1669, l'en sépare ici. On lui avoit fait entendre que c'étoit faire tort à Adonis de joindre son poëme avec un roman, il craignait qu'on ne reçût pas bien un poëme héroïque à part, mais il compte sur le goût des gens qui *ne fermeront pas l'entrée de leur cabinet aux divinités qu'il a coutume de célébrer: il n'est pas besoin*, dit-il, *que je les nomme, on sait assez que c'est l'Amour et Vénus, ces puissances ont moins d'ennemis qu'ils n'en ont jamais eues.*

Cette année 1671 présente un spectacle assez singulier dans la vie de notre Poëte. MM. de Port-Royal entreprirent de faire un recueil de poésies chrétiennes et graves, où il ne fût point parlé d'amour, afin qu'on pût lire des vers innocemment. Ils y mirent une préface à leur manière, c'est-à-dire, excellente et où l'on croit reconnoître la main de M. Nicole. Ils ne voulurent point donner ce recueil sous leur nom, mais sous le nom de M. de La Fontaine, qui en fit l'épître dédicatoire en vers à M. le prince de Conti: il ne cache point d'où le recueil venoit, et il s'en exprime assez clairement en ces vers :

Ceux qui par leur travail l'ont mis en cet état,
Te le pourroient offrir en termes pleins d'éclat,
Mais craignant de sortir de cette paix profonde,
Qu'ils goûtent en secret, loin du bruit et du monde,
Ils m'engagent pour eux à le produire au jour,
Et me laissent le soin de t'en faire leur cour.

Ce recueil fut imprimé en trois volumes in-12, chez Pierre Le Petit, imprimeur de Port-Royal, en mêmes caractères, et fort-beaux, sur un privilége du 20 janvier 1669, accordé à *Lucile-Elie de Breves*. La Fontaine y mit pour sa part, parmi les poésies chrétiennes, la paraphrase du pseaume *diligant te Domine* (1), et entre les pièces profanes, l'élégie des Nymphes de Vaux, sur la disgrace de M. Fouquet, l'ode sur le même sujet, dont nous avons parlé, quelques unes de ses fables, et quelques morceaux de poésie, tirés de Psyché. Et il est assez extraordinaire de voir ce poëte, comme associé avec ces illustres solitaires ; mais peut-être tâchèrent-ils de lui faire ainsi expier la liberté de ses contes, ou lui-même cherchoit par un ouvrage de cette nature, à se reconcilier avec la Cour, où il n'étoit pas bien. Nous finirons cet article en observant que notre Poëte a corrigé dans le re-

(1) Tome 1. p. 144.

Où sont ces troupes animées ?

cueil dont nous parlons, quelques endroits de Malherbe, qui auroient mérité une plus grande perfection, *soit*, dit-il, *que Malherbe appréhendât la peine de les corriger, soit qu'il crût avoir assez fait pour la satisfaction de son siècle.* Il a mis un extrait de ces endroits changés à la fin du deuxième tome, et ils prouvent bien la justesse de son goût. M. Pélisson, dans son histoire de l'*Académie*, remarque que l'Académie françoise s'appliqua en 1638, à examiner quelques stances de Malherbe. Sur quoi il fait cette réflexion si sensée, que s'il y a rien qui fasse voir ce qu'on a dit plusieurs fois, que les vers n'étoient jamais achevés, c'est sans doute la lecture de cet examen, parce qu'à peine y a-t-il une stance, où sans user d'une critique trop sévère, on ne rencontre quelque chose, ou plusieurs, qu'on souhaiteroit de changer, si cela se pouvoit, en conservant ce beau sens, cette élégance merveilleuse, et cet inimitable tour de vers, qu'on trouve par tout dans ses excellents ouvrages. La Fontaine n'est donc pas le premier qui ait trouvé quelque chose à redire à Malherbe.

1673.

Ces Messieurs de Port-Royal ne furent pas contens encore de ce recueil, dont la satisfaction étoit très-équivoque. Ils lui donnèrent le sujet de la vie d'un Père des déserts, tirée de St.-Jérôme, pour mettre en vers. Il en fit le poëme *de la Captivité de St. Malc*, qu'il dédia à M. le Cardinal de Bouillon, et qui fut imprimé à Paris chez Barbin, en 1673. Il est de plus de 600 vers, et est devenu fort-rare (1). M. le Duc de Bourgogne le lisoit souvent. On y voit des bergeries chrétiennes, des descriptions de solitude, qui ne sont que là, et des entretiens dévots et touchans, qu'il trouvoit dans la simplicité de son cœur. Il y fait une sorte d'abjuration de ses contes, il dit à sa muse :

Bannis-en ces vains traits, criminelles douceurs,
Que j'allois mandier jadis chez les neuf sœurs.

On eût pu remarquer dans les imitations de la satire des femmes, de Despréaux, que lorsqu'il a fait dire, dans le portrait du directeur :

Il est bon d'empêcher ces emplois fastueux
D'être donnés peut-être à des ames mondaines,
Eprises du néant des vanités humaines (2).

---

(1) Tome 1. p. 154. L'auteur a raison de dire que cette première édition de 1673, petit in-8°. de 50 pages, est fort rare. C'est que La Fontaine fut obligé de la supprimer, parce que dans la subscription de l'épître dédicatoire, il donnoit au Cardinal de Bouillon, le titre d'Altesse *Sérénissime*.

(2) Vers 604.-6.

Il n'avoit pas oublié ces vers du poëme de St.-Malc :

Malc annonce au vieillard, censeur de sa jeunesse,
Qu'il va de ses ayeux recueillir la richesse ;
Qu'il tâche d'empêcher que des biens assez grands
Ne soient mal dépensés par d'avares parens.

Nous n'avons pas encore parlé de ses fables qui lui ont donné une si grande et si solide réputation. Il en a fait dans tous les temps de sa vie. Les premières furent dédiées à M. le Dauphin, dans son enfance, et parurent dès l'année 1669, avec la fausse vie d'Esope, par Planudes, que notre Poëte donna pour amuser ses lecteurs, et qui est bien rectifiée par celle que Méziriac a donnée au public (1), et par l'article d'Esope, dans le dictionnaire de Bayle. Il n'est pas donné à tout le monde de connoître les beautés de ces fables. Ces sortes de beautés, dit Despréaux, dans sa dissertation sur Joconde, sont de celles qu'il faut sentir et qui ne se prouvent point. C'est ce je ne sais quoi, qui nous charme, sans lequel la beauté même n'auroit ni grace ni beauté. Mais après tout, c'est un je ne sais quoi, et si votre ami est aveugle, dit-il à l'abbé Le Vayer, je ne m'engage

---

(1) Page 57 du 1er. volume des *Commentaires sur les épîtres d'Ovide*. La Haye 1716, 2 volumes in-8°. et dans les *Mélanges de littérature* de Sallengre. La Haye, 1715.-17. Tome 1. première partie, page 87.

pas à lui faire voir clair. Madame de Sévigné dit d'une autre manière : *Les fables de La Fontaine sont divines, on croit d'abord en distinguer quelques unes, et à force de les relire on les trouve toutes bonnes. C'est une manière de narrer et un style, à quoi l'on ne s'accoutume pas.*

1674.

Notre Poëte, ami du conte, retourna bientôt à ses premiers engagemens. Il donna en cette année un recueil de *nouveaux Contes*, qui fut imprimé à Mons, très-exactement, et sur quelque bonne copie de sa main. Car il écrivoit d'une manière fort-lisible, et marquoit bien toutes les plus petites divisions du discours, les points, les virgules, les interjections, enfin toutes ces commodités de l'impression moderne, si utiles à ceux qui savent bien lire; talent plus rare que l'on ne pense. Il y a parmi ces Contes, des stances qui ont pour titre : *Janot et Catin* (1), qui n'ont jamais été imprimées depuis dans les autres recueils, et que Richelet cite dans son dictionnaire au mot *Tetin*. La Fontaine dit les avoir composées à la manière du *Blason des faul-*

---

(1) Tome 1. p. 12.

Un beau matin,
Trouvant Catin.

ces amours, et de celui du *Loyer des folles amours, dont l'auteur est inconnu. Il y en a qui les attribuent à l'un des St.-Gelais. Je ne suis pas*, dit-il, *de leur sentiment, et je crois qu'ils sont de Cretin.* En quoi il se trompe, comme le fera voir un de nos amis (1). Ces stances prouvent que notre Poëte prenoit toute sorte de formes, pourvu qu'elles l'approchassent du naturel. Il se nomme à la fin des stances :

Ami lecteur, qui ceci vois,
Ton serviteur, qui *Jean se nomme*,
Dira le reste une autre fois.

Dans cette édition de Mons, le prologue du Conte de *l'Abbesse malade* est bien plus ample que dans toutes celles que l'on a vu depuis. Il y a fait entrer le conte de Dindenaut et de ses moutons. Le conte d'un Temple d'une certaine Vénus (2) a été mal à propos attribué

(1) L'auteur veut sûrement parler de Le Duchat, qui a fait réimprimer ces deux pièces avec des notes à la suite de son édition des *Quinze joies du mariage*. La Haye, 1726 et 1734, in-12. Il relève dans la préface cette assertion de La Fontaine, et prouve que la première de ces pièces est de Frère *Guillaume Alexis*, Religieux de Lire, Prieur de Bussy. Quant à la seconde il n'est pas bien sûr qu'elle soit de Cretin. Coustelier ne l'a point insérée dans son édition des œuvres de ce poëte 1723, in-8°.

(2) *La Vénus aux belles fesses*. Ce conte, mis

à Rousseau, il étoit fait avant qu'il fut au monde, aussi ne l'a-t-il point mis dans la magnifique édition de ses œuvres, en Angleterre, ni dans le supplément. On le trouve dans un recueil composé il y a plus de soixante ans, où il est attribué à notre auteur.

M. de Turenne qui joignoit aux grands talens de la guerre, le goût des bons ouvrages, aimoit La Fontaine, cherchoit à le voir, et le menoit souvent avec lui. Nous avons deux épîtres de notre Poëte, écrites en ce temps-là à ce fameux général. L'une qui commence: *Vous avez fait, Seigneur, un opéra* (1), où parlant des grands capitaines, il dit:

Mais qu'on m'en montre un qui sache Marot.
Vous souvient-il, Seigneur, que mot pour mot,
Mes *créanciers qui de dizains n'ont cure* (2),
Frère Lubin (3) et mainte autre écriture,
Me fut par vous recitée en chemin.

---

comme épigramme, à la fin du IVe. livre de celles de Rousseau, commence par ce vers:

Du temps des Grecs, deux sœurs disoient avoir.

(1) Tome 1. p. 80.

(2) Epigramme de Marot, intitulée: *Replique à la Royne de Navarre*. p. 33. tom. 2. de la jolie édition de Moetjens.

(3) Au lieu de *Frère Lubin*, on lit dans l'épigramme de Marot:

Frère Thibaut, séjourné, gros et gras.

Il lui répète :

> Vous avez fait, Seigneur, un opéra.
> Nous en faisons, Seigneur, un nouveau ; mais je doute
> Qu'il soit si bien, quelque effort qu'il m'en coûte.

Il travailloit en ce temps-là, à l'opéra de Daphné, dont nous allons parler, et qui donna des scènes si plaisantes dans le public. Cette épître finit dans le recueil de La Haye, de 1715, autrement que dans les œuvres posthumes, et nous conserverons ici ces vers que les œuvres posthumes n'ont pas (1) :

> Mais gagne-t-on, sans rien perdre, à ce jeu.
> Il ôte aux gens, dans le temps qu'il leur donne.
> J'en fais témoins ces enfans de Bellone,
> Qui ne sont morts, hélas ! dans leur foyer,
> Non plus qu'a fait le pauvre Saint-Loyer (2),
> Que sans souiller de pleurs notre victoire
> Nous honorions à jamais leur mémoire,
> Et que le ciel, parmi tant de lauriers,
> Ainsi que vous, épargne nos guerriers.

M. de Turenne ne fut pas épargné, car il fut tué malheureusement d'un boulet de canon, près de Salsbach en Allemagne, le 27 juillet 1675, et la France, qui admirera éternellement ses vertus, ne put faire d'autres honneurs à son corps, que de le mettre dans le tombeau de ses Rois.

---

(1) Ces vers, excepté le premier, ne se trouvent point dans notre édition.

(2) Ecuyer de M. de Turenne.

L'autre épître à M. de Turenne, qui commence, *Hé quoi! Seigneur, toujours nouveaux combats* (1), est un chef-d'œuvre de poésie sublime. L'auteur des *Pensées ingénieuses* en a rapporté avec admiration plusieurs endroits. Le recueil de La Haye en a retranché 22 vers mal-à-propos: et on ne peut s'empêcher de citer ces vers sur M. le Prince :

Je vois Condé, Prince à haute aventure,
Plutôt démon, qu'humaine créature.
Il me fait peur. Je le vois plein de sang,
Souillé, poudreux; qui court de rang en rang.
Le plomb volant siffle autour, sans l'atteindre.
Le fer, le feu, rien ne l'oblige à craindre.

Tels étoient les amis de notre Poëte; ceux avec qui il vivoit, à qui il écrivoit: et après cela, écoutez les gens qui disent qu'il ne savoit pas vivre, et qu'il ne savoit que faire des vers. Bien nous en prend qu'il en ait tant fait, et de si beaux, et de si bons, et qu'il ait eu de si illustres approbateurs qui l'ont encouragé. Mal nous en prend que tant d'autres poëtes en fassent de si mauvais, qui ne laissent pas d'avoir aussi leurs approbateurs.

Dans la même année 1674, il fit connoissance avec M. Huet (depuis évêque d'Avranches), il lui envoya un Quintilien, traduit en italien par Toscanella, et joignit à ce pré-

(1) Tome 1. p. 77. Cette pièce n'a jamais été imprimée exactement.

sent une belle épître en vers (1) qui représente le fonds où il a puisé pour travailler et pour écrire, et comment il avoit trouvé la manière de sa composition inimitable. Desmarets s'étoit avisé en ce temps-là, de faire une critique d'Homère et de Virgile, et avoit préparé ces combats qui ont été renouvelés de nos temps avec le même succès (2). La Fontaine en fait le sujet de son épître, après quoi il ajoute :

Quelques imitateurs, sot bétail, je l'avoue,
Suivent en vrais moutons le pasteur de Mantoue.
J'en use d'autre sorte, et me laissant guider,
Souvent à marcher seul j'ose me hazarder.
On me verra toujours pratiquer cet usage.
Mon imitation n'est point un esclavage.
Je ne prends que l'idée, et les tours, et les lois,
Que nos maîtres suivoient eux-mêmes autrefois.
Si d'ailleurs quelque endroit, plein chez-eux, d'excellence,
Peut entrer dans mes vers, sans nulle violence,
Je l'y transporte, et veux qu'il n'ait rien d'affecté,
Tâchant de rendre mien cet air d'antiquité.
Je vois avec douceur ces routes méprisées,
Art et guides, tout est dans les Champs-Elisées (3).

---

(1) Tome 1. p. 133.

Je vous fais un présent, etc.

(2) La défense de la poésie et de la langue françoise, avec des vers dithyrambiques sur le même sujet, par Jean Desmarets de Saint-Sorlin. Paris, 1675, in-8°.

(3) J'ai appris que cette épître est de 1688, depuis le poëme de M. Perrault, et que M. Huet s'est

Ainsi notre Poëte avoit toute sorte de langues, et parloit aux savans en savant. Croiroit-on que c'est-là l'homme des fables et des contes? M. Huet, dans sa propre vie qu'il a faite (1), écrite en beau latin, le met au nombre des amis illustres qu'il avoit faits en cette année 1674, et parle de cette épître sur Quintilien en ces termes: *Felicem mihi tulit hic idem annus (1674) amicorum proventum. Joannes enim Fontana, venustus ille, et perargutus (2) fabularum, sed paulò nequiorum scriptor, cum velle me videre inaudisset italicam institutionum Quintiliani interpretationem, ab Horatio Tuscanellâ elucubratam, non liberaliter eam ad me tantummodo detulit, donoque dedit, sed munus etiam exornavit luculento carmine ad me scripto, quo eorum insectatur insaniam, qui ætatem hanc nostram opponunt antiquitati, atque etiam anteponunt. In quo Fontanæ ipsius candorem*

---

trompé à l'année, et que cette épître fut imprimée en 1688, in-4°. séparément.

(Note de l'Auteur).

(1) *Petr. Dan. Huetii commentarius de rebus ad eum pertinentibus. Amstelod.* 1718, *in*-12. (publié par Sallengre).

(2) Lipse, dans une lettre à P. Pithou, dit de Pétrone, *Tuâ fide vidistine quicquam venustius, argutius post natas musas?*

(Note de l'Auteur).

licet agnoscere. Nam cum inter suavissimos gentis nostræ scriptores locum teneat, maluit vel adversus seipsum causam dicere, quàm meritis honoribus veteres scriptores defraudare (1). Le *venustus*, le *perargutus*, le *suavissimus* ne pouvoient être mieux appliqués, et c'est dommage que notre langue n'ait pas des termes propres pour les rendre. Elle n'en a point pour exprimer l'*urbanité* des Romains. Les mots de *civilité*, de *galanterie*, et de *politesse* ne l'expriment qu'imparfaitement, dit M. Pélisson dans sa préface sur les œuvres de Sarrazin. Aussi devons-nous nous plaindre d'elle, de ce qu'elle ne peut nous fournir des termes qui expriment cette sorte d'*enjouement*, d'*élégance* et de *surprise* qui règnent dans les ouvrages de notre Poëte, et qu'Horace appelle *molle et facetum*, termes encore inexprimables dans notre langue. N'oublions pas que le P. Bouhours dans un *recueil de vers choisis*, qu'il a publié en 1693, à Paris, n'a pas manqué d'y faire entrer cette épître sur Quintilien, et plusieurs autres ouvrages de notre Poëte.

Vers ce même temps Lully l'engagea à faire un opéra. La Fontaine prit le sujet de Daphné, et crut avoir fait merveille. Mais Lully qui étoit difficile rebuta cet ouvrage, comme mal-

---

(1) Page 315.

propre à la musique. Il y avoit des traits fins, délicats, naïfs, si vous voulez, mais tout cela n'étoit pas bon pour le chant, qui aime à perdre des paroles, et La Fontaine n'en savoit point perdre. Piqué de ce refus, il se vengea en poëte, il fit contre Lully, dans un genre tout neuf, une satire qu'il intitula, *le Florentin* (1). Rien ne ressemble à cette pièce qu'elle même; c'est-là où il dit :

Il me persuada,
A tort, à droit me demanda
Du doux, du tendre, et semblables sornettes,
Petits mots, jargon d'amourettes,
Confits au miel; bref il m'enquinauda.

Madame de Thianges voulut le racommoder avec Lully, et ce fut l'occasion d'une épître en vers, qu'il écrivit à cette dame, qui n'a paru que par hazard dans un recueil étranger, sans qu'on y ait mis le conte du Florentin, qu'il n'en faut point séparer. Cette épître commence (2):

Vous trouvez que ma satire
Eût pu ne se point écrire,
Et que tout ressentiment,
Quel que soit son fondement,
La plupart du temps peut nuire,
Et ne sert que rarement.

---

(1) Tome 1. p. 89.
Le Florentin
Montre à la fin.

(2) *Ibid* p. 92.

eusse ainsi raisonné si le ciel m'eût fait ange,
Ou Thiange.
Mais il m'a fait auteur, etc.

C'est sur cette satire du Florentin que Rousseau, dans son épître aux Muses, a dit:

Et dites-moi quand jadis La Fontaine,
De son pays l'homme le moins mordant,
Et le plus doux, mais homme cependant,
De ses bons mots sur plus d'une matière,
Contre Lully, Quinault et Furetière,
Fit rejaillir l'enjoument bilieux.
Fut-il traité d'auteur calomnieux?

L'opéra de Daphné ne fut pas représenté, il n'est pas cependant indigne du public. Le lecteur verra toujours les efforts de notre Poëte pour cette sorte d'ouvrages, et en aimera d'autant plus les opéra de Quinault. Despréaux et Racine y ont échoué comme La Fontaine, et c'est faire naufrage en bonne compagnie. Mais eux-mêmes n'y auroient pas mis, comme il a fait, certains tours nouveaux, qu'il avoit dans l'esprit, et ces agrémens qu'il répandoit comme malgré lui sur tout ce qui sortoit de ses mains. Si Daphné n'est pas bon comme opera, il sera bon comme dialogue, comme églogue, en un mot comme ouvrage de La Fontaine. Il a été déjà imprimé dans le recueil de 1682, avec le poëme du *Quinquina*.

Nous serions bien fâché de ne pas renouveler ici la mémoire de l'ingénieuse étrenne que Madame de Thianges donna à M. le Duc Du Maine, en cette année 1675, d'une chambre toute dorée, qui s'appeloit *la Chambre du Sublime* (1). Au-dedans étoient M. le Duc Du Maine, M. de la Rochefoucauld, M. Bossuet, alors évêque de Condom, Madame de Thianges et Madame de la Fayette. Au-dehors du balustre, Despréaux avec une fourche empêchoit sept ou huit méchans poëtes d'approcher. Racine étoit auprès de Despréaux, et un peu plus loin La Fontaine, auquel il faisoit signe d'approcher. Toutes ces figures étoient de cire, en petit, et très-ressemblantes. Ainsi étoit-il regardé comme un poëte sublime, digne d'entrer dans cette chambre, où si peu de gens étoient admis.

A peu près sur une même idée, M. Titon du Tillet, commissaire-provincial des guerres, a fait exécuter en bronze, un Parnasse françois, composé de huit poëtes, Corneille, Molière, Racine, Racan, Segrais, La Fontaine, Despréaux et Chapelle; et de Lully qui fait la neuvième Muse. Notre Poëte y est le sixième en rang. On en a fait une estampe, gravée par Audran, et un tableau peint par L'Argillière, qui ont été présentés au Roi (Louis XV), la veille de la Saint-Louis 1723, et

(1) Voyez-en la description dans le Menagiana. Tome 1. p. 223.

qui doivent être mis dans la bibliothèque du Roi; les portraits y sont ressemblans. Ce Parnasse a été exécuté, il y a long-temps, par Garnier, sculpteur, dessiné par Poilly, et le dessein donné par le poëte Lainez, à qui nous avons vu conduire l'ouvrage, et qui ne s'est pas oublié dans un médaillon, où il s'est placé assez hardiment avec Malherbe, Voiture, Scarron, Sarrasin et Benserade. On nous pardonnera cette petite digression, qui n'est pas une digression, puisqu'elle nous a donné lieu de montrer La Fontaine élevé sur le Parnasse, à côté et au milieu de nos plus grands poëtes, après l'avoir vu placé avec les plus grands Hommes dans la chambre du Sublime.

Cette année finira bien par le petit billet galant, écrit à Mademoiselle de Chammelay (1), à qui il a depuis dédié sa nouvelle de *Belphégor,* et qu'il appelle

L'inimitable Actrice,
Représentant ou Phèdre, ou Bérénice,
Chimène en pleurs, ou Camille en fureur.

Le Roi étoit alors au plus fort de ses conquêtes. La personne à qui il écrit, en faisant aussi à sa manière, sur les esprits et sur les cœurs, il lui dit: *Tout sera bientôt au Roi et à Mademoiselle de Chammelay*; expression

---

(1) Tome 2 p. 63.

Comme vous êtes la meilleure amie du monde, etc.

d'une galanterie sublime, et uniquement propre à La Fontaine, on a l'original de ce billet, écrit et corrigé de sa main. Des grands Hommes les moindres choses sont précieuses.

1680. 1681.

Madame de Fontange, reçue fille d'honneur de Madame, le 17 octobre 1678, brilla beaucoup au carnaval de 1679, fut faite Duchesse en 1680, et s'attira par sa beauté et par ses graces, les hommages poétiques, et les fictions galantes de la Muse de La Fontaine (1).

> Charmant objet, digne présent des cieux,
> (Et ce n'est point langage du Parnasse)
> Votre beauté vient de la main des Dieux.

Il fait entrer dans cette pièce, très-adroitement, l'éloge du Roi, et de sa figure noble et majestueuse, qui n'étoit point inutile à ce sujet. Il y a mis aussi deux épithalames pour M. le Duc, et M. le Prince de Conti. Le poëte voit tout cela dans l'Olympe. Jupiter, content des hommes, dit :

> Je veux récompenser
> De quelque don, la terrestre demeure.

Et ce don est Madame de Fontange, dont il fait un portrait enchanteur, et non ressemblant à aucun de tous ceux qu'il a faits. Car

---

(1) Tome 1. p. 99.

il a cela de particulier, qu'ayant composé une infinité d'ouvrages, il est toujours divers, toujours nouveau, et la source où il puise ne tarit point: il fit encore pour Madame de Fontange, des vers qui furent mis au bas de chaque saison, à un almanach que le Roi lui donna pour ses étrennes de l'année 1682 (1).

1682.

Le poëme du *Quinquina* parut en 1682 (2), avec quelques autres ouvrages. Il est dédié à Madame la Duchesse de Bouillon, qui lui avoit donné ordre de travailler sur ce sujet, et de mettre cette matière physique en vers.

La raison me disoit que mes mains étoient lasses,
Mais un ordre est venu plus puissant, et plus fort
Que la raison. Cet ordre, accompagné de graces,
Ne laissant rien de libre au cœur, ni dans l'esprit,
M'a fait passer le but que je m'étois prescrit.
Vous vous reconnoissez à ces traits, Uranie.
C'est pour vous obéir, et non point par mon choix,
Qu'à des sujets profonds s'occupe mon génie,
Disciple de Lucrèce une seconde fois.

Ce dernier vers a rapport au discours adressé à Madame de la Sablière, qui est parmi ses

---

(1) Tome 1. p. 110.

Tout est fait pour Louis, etc.

(2) Paris, Thierry, 1682, in-12. et dans notre édition, tome 1. p. 177.

fables, où il a traité de l'ame des bêtes, selon le sentiment de Descartes (1).

Descartes, ce mortel, dont on eût fait un Dieu
Chez les payens, et qui tient le milieu
Entre l'homme et l'esprit, comme entre l'huitre et l'homme,
Le tient tel de nos gens, franche bête de somme.

Ainsi sa Muse facile traitoit toute sorte de sujets, et les embellissoit tous. Dans celui-ci il explique l'effet du Quinquina d'une manière philosophique, et poétique tout ensemble, et il est plus poëte que Lucrèce. Il y décrit la sangnification, la fièvre, le retour des accès, l'état d'un mourant, la guérison du mal, et il entremêle tout cela de traits élevés, d'éloges du Roi, de M. le Prince et de M. Colbert, que le Quinquina avoit guéris, et de cent beautés rares et nouvelles : il est tout ce qu'il veut être. Il parle de l'ancienne médecine, puis sa Muse flatte le Roi et les hommes qui vivent sous son empire.

D'autres temps sont venus ; Louis règne, et la Parque
Sera lente à trancher nos jours sous ce Monarque.
Son mérite a gagné les arbitres du sort ;
Les destins avec lui semblent être d'accord.
Durez bienheureux temps.

L'occasion de ce poëme fut que le Chevalier

---

(1) Les deux Rats, le Renard et l'œuf. Livre X. Fable Ire.

Iris je vous louerai, etc.

Talbot, anglais, mit le Quinquina en grand crédit, vers l'année 1680. Il en faisoit une préparation singulière, dont le succès étonna toute la France, et les lecteurs trouveront bon d'être renvoyés sur cela à deux articles des nouvelles de la République des lettres de Bayle, le XIe. article du mois de février, et le VIIIe. article du mois d'avril 1685, et à cet incomparable dictionnaire du commerce, si élégamment écrit, qu'on nous vient de donner en 1723, et qui fait honneur à notre nation; ils sont sûrs d'y trouver des choses curieuses.

Les autres ouvrages, joints au poëme du Quinquina, dans l'édition de 1682, sont la *Matrone d'Ephèse* et *Belphégor*, qui sont dans les recueils des fables et des contes, et qui ne sont point de notre ressort. (Il faut seulement remarquer que la Matrone d'Ephèse avoit déjà paru dès l'année 1664, avec Joconde). Un petit ballet, qui n'est point fini, qui a pour titre *Galatée* (1), et qui commence par cette chanson si fameuse, qui est dans la bouche de tout le monde, et que Lambert a mise en musique :

Feuillages verts, naissez;
Herbe tendre, croissez....

L'inconstance et l'inquiétude qui me sont si naturelles, m'ont empêché, dit-il, *d'achever*

---

(1) Tome 3.

les trois actes, à quoi je voulois réduire ce sujet. Enfin on y trouve l'opéra de Daphné, que nous avons mis dans son ordre à l'année 1674 (1).

Le 6 août 1682, M. le Duc de Bourgogne vint au monde. La Fontaine célébra sa naissance par deux Ballades, dont l'une a été imprimée, et l'autre a été trouvée, écrite de sa main, parmi ses papiers (2). On les donnera toutes deux pour les comparer. Quand le poëte fit ces grandes prédictions, il ne savoit pas que ce Prince auroit un jour du goût pour ses ouvrages, que lui-même lui dédieroit ses dernières fables, comme il avoit dédié les premières à M. le Dauphin, son père, et que la France auroit la douleur de le perdre sitôt (3).

1684.

Le 2 mai 1684, est la réception de notre Poëte à l'Académie françoise. Cette réception avoit été long-temps traversée. M. Rose qui ne

---

(1) Tome 3.

(2) La première :

Or est venu dedans notre univers.

Tome 1. p. 109.

La seconde :

Or est venu l'enfant si souhaité.

Tome 3. p. 144.

(3) Le 18 février 1712.

l'aimoit point, jeta un jour, sur le bureau de l'Académie, le tome le plus licencieux de ses Contes, pour empêcher son élection. Enfin il surmonta tous ces obstacles, et succéda à M. Colbert. Son remerciment a été donné au public (1). M. l'abbé de la Chambre, alors directeur, lui dit dans sa réponse, que l'Académie reconnoissoit en lui un génie aisé, facile, plein de délicatesse et de naïveté, quelque chose d'original, et qui, dans sa simplicité apparente, et sous un air négligé, renferme de grands trésors et de grandes beautés.... Bayle a rapporté ce discours entier de M. de la Chambre, dans ses Nouvelles de la République des Lettres, (janvier 1685,) et y fait des réflexions dignes de lui. Il y eut quelques contestations entre La Fontaine et Despréaux sur cette place de l'Académie. Cette Compagnie célèbre ne vouloit non plus du satiriqne qui avoit offensé quelques uns de ses membres, que du conteur qui avoit offensé les mœurs; mais tout cela s'accommoda. La mort de M. de Bezons, Conseiller d'Etat, arrivée le 22 mars 1684, décida le différend. La Fontaine passa le premier, et eut la place de M. Colbert; Des-

---

(1) Tome 3. p. 146. et dans le *Recueil des Harangues prononcées par MM. de l'Académie françoise. Amst.* 1709, tome 2. p. 1. avec la réponse de l'abbé de la Chambre.

préaux ne fut que le second, et succéda à M. de Bezons, le 3 juillet 1684. Le commentateur de Despréaux (1) fait sur cela une histoire peu croyable; car il y mèle des faits qui ne se peuvent concilier avec la prise de Luxembourg, dont il parle.

Le procès de l'abbé Furetière contre l'Académie, au sujet de son Dictionnaire, étoit alors dans sa plus grande chaleur. Le nouvel académicien prit, comme de raison, le parti du corps, où il venoit d'entrer. Furetière, qui avoit été son ami, ne l'épargna point dans ses factums, jusque là qu'il fit imprimer la sentence de police, du 5 avril 1675, qui avoit ordonné la suppression de ses derniers contes (2). (Les premiers avoient été imprimés deux fois avec privilége.) Il en fit un portrait très-satirique, le voulant faire passer pour un *Arétin mitigé*, et un ignorant, qui n'avoit jamais lu que Rabelais, Marot, et l'Arioste (3). La Fon-

---

(1) Dans ses notes sur le remerciment à l'Académie françoise; tome 3. p. 63. de l'édition de Saint-Marc, 1747.

(2) Dans le troisième factum. Amst. Desbordes, 1688, in-12. page 87. Et dans le *Nouveau Recueil de Factums*. Amst. Desbordes, 1694, page 543, du premier volume.

(3) C'est dans son second Factum que Furetière fait ce portrait hideux de La Fontaine. C'est-là qu'il

taine lui répondit par une épigramme et un sonnet (1). Mais rien ne lui fait plus d'honneur

---

dit, page 291 du *Nouveau Recueil* déjà cité, « il se » vante d'un malheureux talent qui le fait valoir. Il » prétend qu'il est original en l'art d'envelopper des » saletés, et de confire un poison fatal aux ames in- » nocentes : de sorte qu'on lui pourroit donner à » bon droit le titre d'*Aretin mitigé* ».

Et plus loin, page 293, « Comme la force de son » génie ne s'étend que sur les saletés et sur les or- » dures sur lesquelles il a médité toute sa vie, Il a » le malheur de voir que les plus sages de l'Acadé- » mie s'opposent à recevoir tous les mots de sa con- » noissance, ce qui fait que toute sa prétendue ca- » pacité lui devient inutile. Cette capacité va de » pair avec celle du jeune abbé Tallemant et de » Benserade ; et si on les mettoit en parallelle, elles » feroient une belle symétrie. Elle est telle qu'après » avoir exercé trente ans la charge de Maître parti- » culier des Eaux et Forêts, il avoue qu'il a appris » dans le Dictionnaire Universel, ce que c'est que » du bois en grume, qu'un bois marmanteau, qu'un » bois de touche, et plusieurs autres termes de son » métier, qu'il n'a jamais sus. Toute sa littérature » consiste en la lecture de Rabelais, de Pétrone, de » l'Arioste, de Bocace et de quelques auteurs sem- » blables ».

(1) L'épigramme est rapportée tome 1. page 118. mais comme on n'y a pas joint celle de Furetière qui lui sert de réponse, on sera bien aise de trouver ici l'une et l'autre.

Toi, qui crois tout savoir, merveilleux Furetière,
Qui décides toujours, et sur toute matière ;

sur cette quérelle, que les lettres de M. de Bussy, et de Madame de Sévigné, qui font de . . . .

Quand, de tes chicanes outré,
Guilleragues t'eut rencontré,
Et, frappant sur ton dos comme sur un enclume,
Eut à coups de bâton secoué ton manteau,
Le bâton, dis-le nous, étoit-ce bois de grume,
Ou bien du bois de marmanteau.

RÉPONSE.

Dangereux inventeur de cent vilaines fables,
Sachez que pour livrer de médisans assauts,
Si vous ne voulez pas que le coup porte à faux;
Il doit être fondé sur des faits véritables.
Ça disons-nous, tous deux, nos vérités;
Il est du bois de plus d'une manière.
Je n'ai jamais senti celui que vous citez,
Notre ressemblance est entière,
Car vous ne sentez pas celui que vous portez

Le Sonnet, assez mauvais, ne se trouve que dans les *OEuvres posthumes de La Fontaine*. Paris, Deluyne, 1696, in-12, page 227.

SONNET,

Servant de réponse à un bout-rimé du sieur de Furetière.

Te mettre à Saint-Lazare est acte de justice;
J'en veux faire un placet à notre Protecteur.
Apollon ne lit point le tien qu'il ne vomisse,
Et ne connoît en toi qu'un calomniateur.

Il semble à tes discours que chacun t'applaudisse,
Et toujours du bon sens cruel persécuteur,

son esprit et de ses ouvrages une magnifique apologie contre ce qu'ils appellent le *Vilain factum*. Furetière perdit son procès par arrêt du Conseil du 9 mars 1685. Le lecteur nous sera obligé de ne point chercher ailleurs cette justification, et de lui donner au moins quelque morceau de la lettre merveilleuse de Madame de Sévigné, que nous savons bien qui nuira à notre style. Mais nous sacrifions volontiers notre gloire au plaisir de ceux pour qui nous travaillons, voici donc comme elle parle dans la lettre du 14 mai 1686, contre Furetière, et pour La Fontaine : ceci s'adresse à bien des gens, et le prendra pour soi qui voudra.

Extrait d'une lettre de Madame de Sévigné (1).

A M. de Bussy.

« Tous vos plaisirs, vos amusemens, vos

Tu veux parler de mots, et confonds l'artifice
Avec l'art; cette faute est crime en un auteur.

Ne t'imagine pas qu'on la laisse impunie ;
Mais l'insolence suit en toi la calomnie.
N'en est-ce pas un trait que de blamer le Roi. ?

Tu contrôles ses dons, homme plein d'impudence !
Ma foi, l'Académie est plus sage que toi :
Apprends d'elle à parler, ou garde le silence.

(1) La lettre de Madame de Sévigné fait partie de celle du Comte de Bussy-Rabutin, à M. de C.

» tromperies, vos lettres et vos vers m'ont » donné une véritable joie, et surtout ce que » vous écrivez pour défendre Benserade et La » Fontaine, contre ce vilain Factum. Je trouve » que l'auteur fait voir clairement, qu'il n'est » ni du monde, ni de la Cour, et que son goût » est d'une pédanterie, qu'on ne peut pas » même espérer de corriger. Il y a de certaines » choses qu'on n'entend jamais, quand on ne » les entend pas d'abord. On ne fait point en- » trer certains esprits durs et farouches, dans » le charme et la facilité des fables de La Fon- » taine. Cette porte leur est fermée, et la » mienne aussi : ils sont indignes de jamais » comprendre ces sortes de beautés, et sont » condamnés au malheur de les improuver, » et d'ètre improuvés anssi des gens d'esprit. » Nous avons trouvé beaucoup de ces pédans. » Mon premier mouvement est toujours de » me mettre en colère, et puis de tâcher de » les instruire. Mais j'ai trouvé la chose ab- » solument impossible ; c'est un bâtiment qu'il » faudroit reprendre par le pied. Il y auroit » trop d'affaire à le réparer ; et enfin nous » trouvions qu'il n'y avoit qu'à prier Dieu » pour eux. Car nulle puissance humaine » n'est capable de les éclairer.... Je ne m'en

---

du 8 mai 1686, tome 2. Lettre XXXI. page 68. des Lettres de Bussy-Rabutin, édit. de 1697.

» dédis point, il n'y a qu'à prier Dieu pour » un tel homme, et qu'à souhaiter de n'avoir » point de commerce avec lui ».... Dans la lettre à qui celle-ci sert de réponse, et qui avoit été écrite à Furetière lui-même, M. de Bussy dit: « Pour M. de La Fontaine, c'est » le plus agréable faiseur de contes qu'il y ait » jamais eu en France. Il est vrai qu'il en a » fait quelques uns où il y a des endroits un » peu trop gaillards, et quelque bon enve- » loppeur qu'il soit, j'avoue que ces endroits- » là sont trop marqués.... La plupart de ses » prologues, qui sont des ouvrages de son crû, » sont des chefs-d'œuvre de l'art, et pour » cela aussi bien que pour ses Fables, et pour » ses Contes, les siècles suivans le regarderont » comme un original, qui, à la naïveté de Ma- » rot a joint mille fois plus de politesse ».

Le commentateur de Despréaux (1) dit que *Despréaux* condamnoit vivement la foiblesse que La Fontaine avoit eue, de donner sa voix pour exclure de l'Académie françoise, l'abbé Furetière, son confrère et son ancien ami. Mais s'il n'avoit pas été son confrère, il n'eût pu donner de voix ni pour, ni contre lui. A l'égard de l'amitié, elle ne fait et ne doit rien

(1) Sur le vers 121. du 4e. chant de l'Art Poétique, tome 2. p. 158. de l'édition de Saint-Marc. 1747.

faire dans les jugemens, à moins que ce ne soit de ces juges de la création de Montagne, qui disoient *question pour l'ami*. Il n'y a donc point d'apparence que Despréaux qui, sans doute fut aussi du même avis de l'exclusion, ait condamné La Fontaine, et tout cela n'est même que pour mettre dans les notes le petit conte de la Boule noire donnée pour la Boule blanche, qui n'a pas le moindre fondement. C'est dans cette même note, où le commentateur dit que La Fontaine n'avoit pour tout mérite, que le talent de faire des vers, et que ce talent si rare n'est pas celui qui fournit le plus de qualités pour la société civile. Nous y avons déjà répondu par la bouche de M. de Turenne, et bientôt nous y joindrons les Condé, les Conti, les Vendôme, les Harlay, et tous les plus grands personnages avec qui il vivoit familièrement.

La preuve nous en vient sous la main, sans rien changer à notre ordre. Il adressa en ce même temps (1685) à M. le Prince de Conti, la comparaison d'Alexandre, de César et de M. le Prince qui vivoit alors dans sa retraite de Chantilly (1) : cet ouvrage est en prose. On y trouve plusieurs faits racontés et comparés, à sa façon singulière, et ce n'étoit pas une petite entreprise de traiter une matière si haute,

(1) Tome 2. p. 65.

qui devoit passer par les mains des plus grands héros, qui étoient en même temps les plus grands connoisseurs : cela n'a été donné au public qu'après sa mort, et justifie le commerce, qu'il avoit avec ces Princes, qui vouloient bien l'honorer de leur amitié.

Il étoit aussi en liaison avec des seigneurs célèbres par leur esprit et leur délicatesse. Tel est le Comte de Fiesque, qui l'appeloit son poëte, et dont le goût exquis pour tout ce qui étoit excellent, simple et naturel, a été si connu. Ce Seigneur savoit tous les bons poëtes latins et françois par cœur. Il les citoit à-propos, et même dans des matières de galanterie. Il a donné les inscriptions tirées de Virgile, qui sont à Chantilly. Il avoit l'ame aussi grande que l'esprit. Il n'y a guère eu d'homme, ni plus aimable, ni plus aimé, et ceux qui en ont parlé autrement dans des commentaires de poëte, où ils l'ont voulu désigner par des lettres initiales, ont été très-mal instruits, et ont fait voir, comme dit Madame de Sévigné, qu'ils ne sont du monde, ni de la Cour. C'est pour lui que notre Poëte a fait la pièce intitulée, *le Comte de Fiesque au Roi* (1). Elle est de l'année 1684. Après le bombardement de Gènes, le Comte de Fiesque avoit donné

(1) Tome 1. p. 107.

Vous savez conquérir les états et les hommes.

au Roi un mémoire de ses prétentions sur cette République, imprimé à Paris, chez Guignard, in-4°. en 1681, et il céda depuis ses droits au Roi. C'est la matière de cette pièce de La Fontaine.

L'opéra d'Amadis fut représenté cette même année 1684. Lully et La Fontaine s'étoient racommodés. Le poëte fit pour le musicien une pièce de vers au Roi, en lui présentant cet opera, et il en fit autant pour l'opéra de Roland, qui fut représenté en 1685. Ces deux pièces sont imprimées à la tête des partitions en musique de ces deux opéras (1) et il vérifia bien ce qu'il avoit dit dans l'épître à Madame de Thianges :

Il est homme de Cour, je suis homme de vers,
Jouons-nous tous deux de paroles.

1685.

Il faut mettre sur le compte de cette année le dessein tendre et nouveau de notre Poëte de donner quelques uns de ses ouvrages avec ceux de son ancien ami Maucroix. Cela fut exécuté en deux tomes in-12, imprimés à Paris chez Barbin, en 1685, sous le titre de *Ouvrages de*

---

(1) Tome 1. p. 104.
Du premier Amadis je vous offre l'image.
Ibid p. 106
Agréez de mon art les présens ordinaires.

prose et de poésie des sieurs de Maucroy et de La Fontaine. Il n'y a rien à ajouter au jugement que Bayle a porté de ce recueil dans sa République des lettres (1), où on lira avec plaisir des réflexions fines, ingénieuses, et pleines de ce sel, dont lui seul avoit la possession. Il dit très-bien, *qu'on ne pardonneroit pas à M. de La Fontaine, et qu'il ne se pardonneroit pas à lui-même, un tour commun.*

Nous avons presque dépouillé tout ce recueil, en suivant l'ordre des années. Reste à parler des autres pièces, qui doivent entrer dans le nôtre, et d'abord est l'épître dédicatoire à M. de Harlay, alors procureur-général, et depuis premier président (2); pièce unique en son genre. Jamais on n'a loué ainsi, et la louange devoit être bien aprêtée, pour plaire à un si grand homme, qui n'aimoit point la flatterie, et à qui la vérité seule avoit droit de se montrer. Les ouvrages de notre Poëte ne le quittoient jamais; il en faisoit ses délices, il en connoissoit tout le charme, et l'on peut bien opposer ce goût sûr, au fade dégoût

---

(1) Septembre 1685, art. 8.

(2) Tome 2. p. 87.

Harlay, favori de Thémis.

Elle est à la tête du second volume des *Ouvrages de prose et de poésie* des sieurs de Maucroy et de La Fontaine. Paris, 1685, et Amsterdam, 1688.

de quelques personnes de notre siècle. Tels étoient les amis et les admirateurs de La Fontaine, dans l'épée et dans la robe; et nous osons bien nous mettre en si bonne compagnie.

L'avertissement en prose (1) qui suit l'épître dédicatoire, contient un beau jugement de Platon, dont Maucroix avoit traduit quelques dialogues, qui composent partie du premier volume. Ce philosophe plaisoit beaucoup à notre Poëte, et il lui a bien servi dans ses idées galantes, et les descriptions gracieuses dont ses ouvrages sont ornés. Platon, qui étoit galant, comme l'a remarqué l'auteur de l'Histoire des oracles (2), est plein de ces tours

C'est le plus grand des amuseurs.

Nous rejetons avec regret *Daphnis et Alcimadure* (3), qu'on a mis depuis parmi les fables; mais nous ne pouvons oublier ce portrait d'une bergère farouche; que nous avons

---

(1) Cet avertissement, de la main de La Fontaine, suit la préface du premier volume du recueil dont il est question dans la note précédente. Les éditeurs des œuvres diverses de La Fontaine, auroient dû lui donner place dans le leur.

(2) Fontenelle.

(3) Cette pièce parut pour la première fois en 1685, dans le second volume du recueil déjà cité.

entendu souvent admirer par le comte de Fiesque :

Fier et farouche objet, toujours sautant aux bois,
Toujours sautant aux prés, dansant sur la verdure,
Et ne connoissant autres lois,
Que son caprice ; au reste égalant les plus belles,
Et surpassant les plus cruelles ;
N'ayant trait qui ne plût, pas même en ses rigueurs.
Quelle l'eût-on trouvée au fort de ses faveurs ?

On a aussi mis dans les fables, le poëme de *Philémon et Baucis* (1), qui brille d'innombrables beautés. Il est dédié à M. le Duc de Vendôme. Ce prince, dont nous trouvons ici le nom en passant, devroit beaucoup nous arrêter. Quelle valeur ? Quelle bonté ? Qelles graces ? Il savoit donner aux poésies de La Fontaine le prix qu'elles méritoient, et c'est un grand éloge pour ce poëte, qui a pour lui tous les grands hommes, de quelque profession qu'ils soient. Il lui dit à la fin de ce poëme, après avoir loué sa valeur,

Vous joignez à ces dons l'amour des beaux ouvrages,
Vous y joignez un goût plus sûr que nos suffrages ;
Don du ciel, qui peut seul tenir lieu des présens
Que nous font à regret le travail et les ans....
Car quel mérite enfin ne vous fait estimer,
Sans parler de celui qui force à vous aimer.

Nous tirerons encore de ce poëme, un trait qui est personnel à notre Auteur, en ce qu'il

---

(1) Il parut aussi pour la première fois dans le même recueil.

marque qu'il étoit brouillé avec sa femme. Ce n'étoit plus celle à qui il faisoit, en 1663, des relations si enjouées de ses voyages. Le temps l'avoit bien changée. Après avoir dit qu'on va encore voir Philémon et Baucis depuis leur métamorphose, afin de mériter les douceurs qu'en amour hymen leur fit goûter, il ajoute:

Ils courbent sous le poids des offrandes sans nombre.
Pour peu que des époux séjournent sous leur ombre,
Ils s'aiment jusqu'au bout, malgré l'effort des ans.
Ah! si.... mais autre part j'ai porté mes présens.

Cette suspension dit beaucoup dans une matière où il ne faut que parler. Il en dit plus dans le conte des *Troqueurs :*

Je ne sais pas comme il ne vient de Rome
Permission de troquer en hymen :
Non tout autant qu'on en auroit envie;
Mais tout au moins une fois en sa vie.
Peut être un jour nous l'obtiendrons. Amen;
Ainsi soit-il.

Et à la fin du même conte:

C'étoit pièce assez fine,
Pour en devoir l'exemple à d'autres gens.
J'ai grand regret de n'en avoir les gans.

Et dans le conte des *Aveux indiscrets*, après avoir conseillé de ne pas revéler les secrets du mariage, et de conserver toujours certains égards; il finit par ces vers

Je donne ici de beaux conseils sans doute.
Les ai-je pris pour moi-même? Hélas! non.

Il n'avoit donc pu se tenir de parler contre sa femme, et pour finir cette dissertation sur le mariage, voici ce qu'il en pensoit, et qui se trouve dans une pièce qui n'a point encore été donnée (1):

Je soutiens et dis hautement,
Que l'hymen est bon seulement
Pour les gens de certaines classes.
Je le souffre en ceux du haut rang,
Lorsque la noblesse du sang,
L'esprit, la douceur, et les graces
Sont joints au bien: et lit à part.
Il me faut plus à mon égard.
Et quoi ? de l'argent, sans affaire;
Ne me voir autre chose à faire,
Que de suivre en tout mon vouloir;
Femme de plus assez prudente,
Pour me servir de confidente;
Et quand j'aurois tout à mon choix,
J'y penserois encor deux fois.

Le *Discours à Madame de la Sablière* (2) mérite ici une bonne place. Cette illustre Dame a logé notre Poëte pendant vingt ans chez elle, et l'a honoré d'une amitié et d'une estime publique : c'étoit faire honneur à l'un et à l'autre. Il lui rend compte dans ce discours de tout ce qu'il avoit fait depuis soixante ans,

---

(1) Ces vers font partie de la lettre au Prince de Conti, qui commence par ces mots : « Dans le temps » qu'on alloit juger ». Tome 2. p. 147.

(2) Tome 1. p. 129.

Désormais que ma Muse, etc.

qu'il étoit au monde. C'est une espèce de confession de sa vie, et une description fidelle de son esprit, de son cœur, de ses mœurs, de ses goûts. M. Baillet, dans ses Jugemens des Savans (1), a dit trop sévèrement, qu'il a voulu peut-être, par cette pièce tourner sa pénitence en ridicule. Son âge est marqué dans ces deux vers

Douze lustres et plus ont roulé sur ta vie.
De soixante soleils la course entre-suivie,
Ne t'a pas vu goûter un moment de repos (2).

Sa manière d'écrire est bien exprimée dans ces deux autres:

Tu changes tous les jours de manière et de style.
Tu cours en un moment de Térence à Virgile.

C'étoient ses deux Poëtes favoris; personne n'entendoit si bien Virgile que lui, et ne savoit si bien profiter de certains tours fins, que le collége ne connoît pas. Despréaux a dit de lui, dans sa dissertation sur Joconde, que nous avons déjà citée plusieurs fois, et que nous citerons encore, *Un homme formé, comme je vois bien qu'il l'est, au goût de Térence et de Virgile, ne se laisse pas emporter*

---

(1) Article 151. tome IV. 2e. partie, p. 533. de l'édition d'Amsterdam, 1725, in-12.

(2) Il étoit né en 1621, ce discours est de l'année 1681 ou 1682.

à des extravagances italiennes. Il s'avoue dans la suite de ce discours, Papillon du Parnasse,

Courant de fleur en fleur, et d'objet en objet.

Il déclare pourtant qu'il veut renoncer à ses contes. Enfin cette pièce en vers héroïques, forts et bien travaillés, montre que la muse de notre Poëte étoit encore belle à 60 ans et plus, et qu'elle n'avoit point vieilli; c'est un de ses plus beaux ouvrages en ce genre héroïque, son vrai portrait fait par lui-même. Il a loué Madame de La Sablière en plusieurs autres endroits de ses œuvres; elle ne pouvoit être bien louée que par lui, et il semble que son génie s'élève à proportion du mérite sublime et rare de cette Dame si illustre.

Deux Contes suivent ce *Discours* dans le recueil (1), et nous n'en avons pris que les prologues, qui prouvent l'inconstance de notre homme. Il venoit de renoncer aux Contes, et il en fait de nouveaux. Ce n'est pas sans raison qu'il a ainsi disposé ces deux Contes après son discours, et on ne peut mieux faire que

(1) Il y en a cinq: la Clochette, le Fleuve Scamandre, la Confidente sans le savoir, le Remède, les Aveux indiscrets; mais Marais ne vouloit insérer dans l'édition qu'il projettoit des œuvres diverses que les prologues des deux premiers.

de le suivre. Il commence donc ainsi le Conte de *la Clochette :*

O combien l'homme est inconstant, divers,
Foible, léger, tenant mal sa parole!
J'avois juré hautement en mes vers,
De renoncer à tout conte frivole,
Et quand juré? C'est ce qui me confond,
Depuis deux jours j'ai fait cette promesse.
Puis fiez-vous à rimeur qui répond,
D'un seul moment. Dieu ne fit la sagesse
Pour les cerveaux qui hantent les neuf sœurs.
Trop bien ont-ils quelque art, qui vous peut plaire,
Quelque jargon plein d'assez de douceurs;
Mais d'être sûrs, ce n'est là leur affaire.

Et dans le Conte du *Fleuve Scamandre*, il tourne galamment son inconstance, selon sa manière d'entendre galanterie à tout, qui vaut mieux que d'y entendre finesse, comme nos modernes.

Me voilà prêt à conter de plus belle.
Amour le veut, et rit de mon serment:
Hommes et Dieux, tout est sous sa tutelle;
Tout obéit, tout cède à cet enfant.

A propos de ce Conte du *Scamandre*, nous dirons que Bayle a bien oublié, lui qui connoissoit ce recueil de 1685, d'en parler dans son dictionnaire à l'article *Scamandre*. Il n'eût point déshonoré son ouvrage, s'il en avoit enchassé quelques vers, comme il a fait en d'autres articles, où ils ne font que plaisir au lecteur (1).

---

(1) Le Conte du Fleuve Scamandre est puisé

Les Contes de ce recueil de 1685 ne nous appartiennent point, et nous les renvoyons avec les filles de Minée, les uns aux Contes, et les autres aux Fables; et il ne nous reste plus que l'inscription de Boissard, en vers, et en prose (1), que nous retenons avec l'avertissement, faisant cette remarque touchante, qu'il est difficile de ne pas pleurer sur cette inscription, et plus difficile encore de faire pleurer ainsi.

Ne finissons point ce qui regarde ce double recueil des deux amis, sans dire qu'ils le furent toute leur vie. Maucroix écrivit à La Fontaine, un mois avant que La Fontaine mourut, et lui fit une exhortation très-chrétienne, que le commentateur de Despréaux nous a conservée (2). Il a remarqué aussi que

---

dans la Xe. des lettres attribuées à AEschine. Ces lettres, probablement supposées, accompagnent toutes les éditions de cet Orateur et ont été publiées à part en 1771, à Léipzig, par M. Sammet, in-12. mais sans la traduction latine.

(1) Tome 1. page 203.

Si pensare animas, etc.

Si l'on pouvoit donner ses jours pour ceux d'un autre.

Voyez sur cette inscription si touchante, l'anthologie latine de Burmann, qui la rapporte et qui l'accompagne de notes curieuses. Tome 2. p. 93.

(2) Tome 3. p. 182. de l'édition de St.-Marc. Sur

La Fontaine fit pour son ami, la fable du *Meûnier, de son Fils, et de l'Ane*, et que c'est Maucroix qui est désigné par les lettres initiales : *M. D. M.* Maucroix étoit dans l'irrésolution, s'il se marieroit, ou non. Son ami lui rima cette jolie fable, qui ne vient ni de Malherbe, ni de Racan, (*Autrefois à Racan Malherbe l'a conté.*), mais de FAERNO ; c'est la dernière de ses fables, *Pater, Filius, agnatus Adolescentulus* (1), et Faerno l'avoit en-

---

la VIe. lettre de Despréaux à M. de Maucroix. Et dans notre édition, tome 2. p. 172.

Mon cher ami, la douleur, etc.

(1) Comme les fables de Faerno sont entre les mains de peu de personnes, nous avons cru faire plaisir à une partie de nos lecteurs en leur mettant sous les yeux celle qu'a imitée notre inimitable La Fontaine : c'est la dernière du Ve. livre.

PATER, FILIUS ET ASINUS.

Pater senex, et gnatus adolescentulus,
Venalem asellum ad proximæ urbis nundinas
Nulla gravatum præ se agebant sarcina.
Hos intuens, qui forte proxime viam
Arabat, irridere cœpit rusticus,
Quod, ut tenellos pædagogi heros solent,
Ita ipsi asellum feriatum ducerent,
Alter senex plane, alter adolescentulus,
Ætate uterque, cui vehiculo opus foret.
Hæc perpulere obnoxium dictis patrem
Uti juberet filium conscendere.
Ecce alius illis obvius reprehendere

core prise ailleurs, car il étoit grand preneur, et il n'a pas tenu à lui, selon quelques

---

Senem institit, quod obsequens nimis pater
Juvenem, atque validum filium sineret vehi,
Iter ipse pedibus faceret infirmus senex.
Hæc vera visa. Hîc filio jusso pater
Descendere, ipse insedit usque ad transitum
Vici ad viam jacentis. Ejus incolæ
Notare pro se quisque cœperunt senem,
Quod adhuc virenti ætate vir, alacer, vigens,
Veheretur ipse; at filium tenellulum,
Per tantum itineris, cogeret pedibus sequi.
Hanc ille tantam sustinere non valens
Invidiam, aselli clunibus gnatum jubet
Post se insilire, atque onere duplicato vehi.
Ibi tum viator, forte misericordia
Commotus asini, valde, ait, vile hoc tibi est
Animal, pater, qui id tam sinistre perdere
Vasta duorum mole tendis corporum!
His ille tot pugnantibus sententiis
Distractus animum, incertus hæsit consilî,
Cum, non inani, non onusto tot modis
Asino per omnes reprehendentum vices
Sine lite posset, aut querela progredi.
Tandem experiri et hanc quoque placuit viam,
Inter supini ut colligatos indito
Pedes aselli palo, eum ipsi pendulum
Ferrent; ita humeris prægrave attollunt onus.
Tum vero ad illud tam insolens spectaculum
Effusa multitudo commeantium,
Risu emoriri, insanum utrumque dicere,
Vexare salibus, sed magis multo senem.
Tum denique ille ira impotenti percitus,
Præcipitem asellum in maximam malam crucem
Ab aggere alto in proximum flumen dedit.
Plerumque qui placere se cunctis studet,
Et se ipse lædit, nec satis cuiquam placet.

critiques, que nous n'ayons perdu Phèdre (1). Les graveurs françois, qui ont mis des figures aux fables de La Fontaine, ont aussi pris de leur côté la plupart des figures qui étoient aux fables de Faerno, de l'édition de Plantin de 1585, et ils n'ont pas oublié celle de la Fable du Meûnier dont nous parlons.

Nous mettons encore sous l'époque de l'année 1685, la lettre à M. Simon de Troye (2), où, en faisant le recit de la défaite d'un pâté, il loue Girardon, Desjardins, leurs statues, le Roi lui-même, auquel il revient toujours. Et comme il savoit de tout, il parle des journaux de Hollande, de Bayle, et de Le Clerc, dont il distingue très-bien les deux caractères.

Bayle est fort vif, et s'il peut embrasser
L'occasion d'un trait piquant et satirique,
Il la saisit, Dieu sait, en homme adroit et fin.
. . . .
Tout faiseur de journaux doit tribut au malin.

Bayle lui a bien rendu ses louanges dans l'endroit que nous avons déjà cité, et encore dans les nouvelles de la République des let-

---

(1) C'est une accusation sans fondement. La Monnoye dit de lui dans le Ménagiana, tome 3. p. 226. « Il s'est contenté de copier dans ses cent fables, » diverses expressions de Phèdre, au lieu que l'in» tention de Pérot étoit de le voler tout entier ».

(2) Tome 2. p. 91.
Votre Phidias et le mien.

tres d'avril 1685, où ce charmant auteur annonce la nouvelle édition des Contes de La Fontaine, qui se fit en cette année en Hollande, avec des figures en taille-douce de Romain de Hooge. L'éditeur promettoit, dans l'avertissement, de donner une édition complette de tous ses ouvrages; il n'a pas tenu sa parole, et nous tâchons de l'en acquitter. Voici les propres termes de Bayle. « Avec la permission » de ceux qui mettent l'antiquité si au-dessus » de notre siècle, nous dirons ici franchement, qu'en ce genre de composition, ni » les Grecs, ni les Romains n'ont rien pro» duit qui soit de la force des Contes de M. de » La Fontaine, et je ne sais comment nous » ferions, pour modérer les extases et les » transports de messieurs les humanistes, s'ils » avoient à commenter un ancien auteur, qui » eût déployé autant de finesses d'esprit, au» tant de beautés naturelles, autant de char» mes vifs et piquans, que l'on en trouve en » ce livre-ci ». Le reste de l'article ne cède point à ce commencement. Despréaux avoit dit avant lui dans cette dissertation que nous avions promis de citer encore et que nous ne citerons plus : *Tout ce qu'il dit est simple et naturel, et ce que j'estime surtout en lui, c'est une certaine naïveté de langage, que peu de gens connoissent, et qui fait pourtant tout l'agrément du discours. C'est cette naïveté inimitable qui a été tant estimée dans les écrits d'Horace et de Térence, à laquelle ils se sont étudiés particulièrement, jusqu'à rompre pour cela la mesure de leurs vers, comme a fait M. de La Fontaine en beaucoup d'endroits.* Nous croyons que les traits de ces grands Maîtres, répandus dans plusieurs livres, ne déplairont point ici ramassés, et il est beau de voir les efforts que chacun a faits pour exprimer ce stile naïf, sans pouvoir cependant atteindre à sa véritable propriété, parce qu'elle est inexprimable. Le *venustus*, le *perargutus*, le *suavissimus* de M. Huet en approchent plus que toutes nos phrases, malheureux d'être contraints de recourir au latin pour louer un de nos plus excellens poëtes français (1). Convenons pourtant que Tourreil, qui avoit l'expression forte, en a trouvé une nouvelle, en disant, dans son discours prononcé dans l'Académie française, le 31 janvier 1704 : *On a vu au milieu de nous le Phèdre moderne, ce nom le désigne assez, manier la Fable avec la dextérité de l'ancien : l'un et l'autre, d'une joie élégante, d'un badinage instructif et moral ; naïvetés, graces égales, quoique différentes* (2).

---

(1) Ce passage indique un travail et des rapprochemens que l'auteur se proposoit de faire, ou qu'il avoit faits et qui sont perdus.

(2) Discours prononcé pour la réception du Car-

L'année 1685 finira par sa lettre à M. Girin, Controleur des Finances à Grenoble (1). Il avoit consulté La Fontaine sur une difficulté de la langue. La Fontaine lui répond très-juste, et quoiqu'il fut accusé de ne penser à rien, il pense pourtant que M. le Cardinal Le Camus est Evêque de Grenoble, et il ne manque pas d'en faire l'éloge.

Il sait notre langue à miracle.
Son esprit est en tout au-dessus du commun.

C'est avoir assez d'attention pour un homme distrait, et nous avons remarqué que dans toutes les matières qu'il traite, il n'oublie rien de ce qui peut regarder ou les personnes, ou les choses. Tâchons d'obtenir de pareilles distractions.

Il y a encore dans cette année, l'épître (2) écrite à M. le Prince de Conti, sur la mort de M. le Prince de Conti, son frère. Il étoit mort le 9 novembre 1685. Le Poëte ne manquoit aucune occasion de faire sa cour.

---

dinal de Rohan. Tome 1. page 36. de l'édit. in-4°. des Œuvres de Tourreil.

(1) Tome 2. p. 95.
Sans esprit c'est la phrase, et non *sans de l'esprit.*

(2) Tome 1. p. 114.
Pleurez-vous aux lieux où vous êtes?

1686. 1687.

Je ne vois rien à placer en l'année 1686, si ce n'est quelques Fables qu'il faisoit de temps en temps : mais en 1687, les couplets sur l'air des Folies d'Espagne, qu'il fit pour Madame d'Hervart, trouveront bien leur place. M. d'Hervart lui avoit donné un logement chez lui, qu'il a gardé jusqu'à la mort. Il ne pouvoit moins faire que de chanter Madame d'Hervart, sa bienfaictrice, et l'une des plus belles femmes que l'on ait jamais vues (1).

Il écrivit le 31 août 1687, à M. de Bonrepaux, qui étoit Ambassadeur pour la France à Londres, une lettre pleine de traits vifs, badins, et d'une souveraine variété (2): il n'épargne pas dans son badinage ses confrères de l'Académie.

Quarante beaux esprits certifieront ceci ;
Nous sommes tout autant, qui dormons, comme d'autres,
Aux ouvrages d'autrui ; quelque fois même aux nôtres.

Il y parle de la chambre des Philosophes; c'est qu'il avoit fait jeter en moule de terre tous les plus grands Philosophes de l'antiquité,

---

(1) Tome 1. p. 97.
On languit, on meurt près de Sylvie.

(2) Tome 2. p. 100.
Je ne croyois pas, Monsieur, que les négociations, etc.

qui faisoient l'ornement de sa chambre. Il y avoit un clavecin, et ce clavecin n'étoit pas sans une jeune personne qui en jouoit.

> cune, et sa personne
> Pourroit bien ramener l'amour
> Au philosophique séjour.
> Qu'elle ait à mon égard le cœur d'une inhumaine,
> Je ne m'en plaindrai point, n'étant bon désormais
> Qu'à chanter les Cloris; et les laisser en paix.

Madame la Duchesse de Bouillon étoit alors en Angleterre, il en entretient M. de Bonrepaux; il dit que c'est un plaisir de la voir disputant, grondant, et parlant de tout avec beaucoup d'esprit, *je veux*, dit-il, *lui écrire*; et aussi lui écrivit-il une lettre merveilleuse (1).

Il a encore écrit une autre lettre à M. de Bonrepaux, après la maladie du Roi. C'est un éloge toujours nouveau de ce monarque. Il est très-bien composé, et a mérité d'entrer dans le *Recueil de vers choisis* de l'année 1693, dont nous avons déjà parlé (2).

Cette lettre écrite à Madame la Duchesse de Bouillon, la réponse qu'elle y fit faire par St.-Evremont (3), la lettre de La Fontaine à

---

(1) Tome 2, p. 108.
Nous commençons ici de murmurer, etc.

(2) *Ibid* p. 97.
Le Roi est parfaitement guéri.

(3) *Ibid* p. 116 et suivantes.

St.-Evremont, ornent bien cette année 1687, et on est bien surpris de voir que le Poëte qui avoit alors près de 70 ans, eût tant de feu et tant de galanterie dans l'esprit. On diroit que ce sont des ouvrages d'un jeune homme, s'il ne parloit pas de ses rhumatismes, de sa vieillesse, et s'il ne s'associoit pas avec Anacréon, St.-Evremont et Waller, vieux poëtes anglais, pour faire trois cents ans à eux quatre. Il a raison de dire :

Mais verrez-vous aux bords de l'Hipocrène,
Gens moins ridés en leurs vers que ceux-ci ?

Il n'y a jamais eu que lui qui ait pu dire sur la contestation des beautés entre les femmes, et sur les louanges qu'on leur peut donner :

Vous vous aimez en sœurs. Cependant j'ai raison
D'éviter la comparaison.

L'or se peut partager, mais non pas la louange.
Le plus grand orateur, quand ce seroit un ange,
Ne pourroit contenter en semblables desseins
Deux belles, deux héros, deux auteurs, ni deux saints.

Et personne avant lui n'avoit dit et ne dira après lui pour finir une digression, *Retournons à nos moutons; ces moutons, Madame, c'est votre Altesse et Madame Mazarin.* Enfin, de quelle ingénieuse invention ne s'est-il point servi, pour annoncer à toute la terre la beauté des deux sœurs, dans un ban qui seroit publié par deux Hérauts?

Marianne sans pair, Hortense sans seconde,
Veulent les cœurs de tout le monde.

Ces trois lettres ont déjà paru dans plusieurs recueils. On les a mises dans les ouvrages de St.-Evremont, qu'elles n'ont point gâtés, et elles ne peuvent qu'embellir tous les lieux où elles sont.

Où pourrions-nous mieux placer qu'avec Madame la Duchesse de Bouillon, une autre lettre de notre Poëte encore écrite à cette Princesse, et qui n'est imprimée nulle part (1)? Qui ne seroit fâché de perdre le portrait

D'une aimable et vive Princesse,
A pied blanc et mignon; à brune et longue tresse;
Nez troussé: c'est un charme encor, selon mon sens;
C'en est même un des plus puissans:
Pour moi le temps d'aimer est passé, je l'avoue,
Et je mérite qu'on me loue
De ce libre et sincère aveu,
Dont pourtant le public se soucira très-peu.
Que j'aime ou n'aime pas, c'est pour lui même chose.
Mais s'il arrive que mon cœur
Retourne à l'avenir dans sa première erreur,
Nez aquilins et longs n'en seront pas la cause.

---

(1) Elle se trouve dans notre édition, tome 2. page 58.

Je ne sais, Madame, qu'écrire à V. A. qui soit digne d'elle.

On met avec plaisir dans cette histoire les nez troussés, qui ne s'attendoient pas à y être. Mais si on ambitionne leur suffrage, on espère que les nez aquilins, toujours si raisonnables, entendront raison.

1688.

Monsieur d'Hervart le mena à sa belle maison de Bois-le-Vicomte. Il lui fit voir une jeune demoiselle de quinze ans, belle comme Vénus, et gracieuse au-delà de toutes les graces. La tête en tourna à notre Poëte; il en devint amoureux, il voulut revenir à Paris. Mais en rêvant à cette beauté, il s'égara et s'enfonça dans la Champagne; c'est la matière d'une jolie lettre adressée à M. Verger, son ami (1), où il fait l'histoire de son égarement, des plaisanteries que l'on faisoit dans Paris sur ses distractions, dont il ne convenoit pas trop, et il y joint le portrait de Mademoiselle de Beaulieu, peint avec des couleurs préparées par l'amour même.

Comment pourrois-je décrire
Des regards si gracieux ?
Il semble, à la voir sourire,
Que l'aurore ouvre les cieux.

---

(1) Tome 2. 128.

C'est pitié, Monsieur, que de nous autres pauvres mortels.

Il fait entendre à son ami que si cette jeune divinité, qui est venue troubler son repos, trouve un sujet de s'y divertir, il ne lui en saura pas mauvais gré. *A quoi servent les radoteurs, qu'à faire rire les jeunes filles ?*

M. Verger, qu'on appeloit alors l'abbé Verger, et qui depuis a été Commissaire général de la marine, homme de beaucoup d'esprit, et connu par ses excellentes parodies de plusieurs airs de Lully, fit une réponse sur le même ton. Il y fit le portrait de La Fontaine que l'on détachera pour mettre ici : car il peint à merveille ses distractions prétendues qui lui tournent à profit (1) :

Hé ! qui pourroit être surpris,
Lorsque La Fontaine s'égare ?
Tout le cours de ses ans n'est qu'un tissu d'erreurs,
Mais d'erreurs pleines de sagesse.

---

(1) Tome 2. p. 134.

N'en soyez point en peine, Monsieur.

On voit par ce passage de Marais, que Verger, dont nous avons des contes et des parodies s'appeloit alors l'abbé Verger. On l'avoit destiné d'abord à l'état ecclésiastique, et il avoit déjà pris en Sorbonne le grade de Bachelier; mais se sentant peu de dispositions pour cet état, il entra dans le monde et fut fait Commissaire de la Marine en 1690. Il fut assassiné le 16 août 1720 au coin de la rue du Bout-du-Monde, à l'âge de 63 ans. Il étoit né à Lyon, en 1657. On trouve ces deux lettres au commencement du 2e. volume de ses Œuvres.

*

Les plaisirs l'y suivent sans cesse,
Par des chemins semés de fleurs.
Les soins de sa famille, et ceux de la fortune
Ne causent jamais son réveil.
Il laisse à son gré le soleil
Quitter l'empire de Neptune,
Et dort tant qu'il plaît au sommeil.
Il se lève au matin sans savoir pour quoi faire.
Il se promène, il va, sans dessein, sans sujet,
Et se couche le soir, sans savoir d'ordinaire,
Ce que dans le jour il a fait.

J'ai remarqué que cette distraction est ce qui fait la surprise de ses ouvrages. Il sait bien ce qu'il dit, mais il ne sait pas toujours ce qu'il va dire, comme Balzac a dit de Montagne, et cela ne peut manquer de causer une certaine émotion, qui arrive naturellement, quand on voit une chose à laquelle on ne s'attend pas. C'est de cette naïveté spirituelle, que Baltazar Gracian a fort-bien dit dans son *Discreto, qu'elle vient sans qu'il paroisse qu'on y ait pensé, et cause toujours un plaisir de surprise à ceux qui l'entendent* (1). Ce savant Espagnol a caractérisé notre Poëte, sans avoir jamais vu ses ouvrages.

Au reste, Mademoiselle de Beaulieu fut mariée depuis à un gentilhomme du nom de Nully, de la famille du Président de Nully, fameux ligueur, dont il y a un article dans la dernière édition du Dictionnaire de Bayle (Tome 4.--3088).

---

(1) Homme universel, in-12. p. 99.

Elle est morte depuis peu (1723) à Paris. Elle avoit conservé presque toute sa beauté; et pour M. Verger, il a péri malheureusement par un assassinat, dans les rues de Paris, le 22 août 1720. Les curieux ont, outre ses parodies, plusieurs poésies manuscrites de lui, où il a tâché d'imiter La Fontaine.

Nous avons de notre Poëte, dans la même année, l'Epithalame de M. le Prince de Conti, marié le 29 juin 1688 (1), et des vers à la manière de Neuf Germain (2). Si on veut connoître cette manière, on peut lire l'article de Neuf Germain dans le Dictionnaire de Bayle. Il y a encore une Ballade sur la prise de Philisbourg (3), cette ville fut prise le 1er. novembre 1688. Le refrain de la Ballade est,

Louis le bien nommé c'est Louis le Hardi.

Elle commence :

Un de nos fantassins, très-bon nomenclateur.

et l'imprimeur (4) de France n'entendant pas

---

(1) Tome 1. p. 118.

Hyménée et l'Amour vont conclure un traité.

(2) *Ibid.* p. 121.

Va chez le Turc et le Sophi.

(3) *Ibid.* p. 123.

(4) Œuvres posthumes. Paris, Deluyne, 1696, page 163.

ce mot a mis *nommé La Fleur*; ce qui rend le vers ridicule. Bayle, qui parloit de tout, a parlé de cette Ballade dans la 19e. de ses lettres, du 13 octobre 1701, en parlant des titres donnés aux Empereurs et aux Rois: l'envoi de la Ballade se trouve de deux manières, voici la manuscrite:

L'homme n'engendre guère *à soixante et dix ans*,
Cependant écoutez tous, Messieurs mes parens,
De quelque nouveau fils si j'allois être père;
Voyant que ce soldat n'est pas un étourdi;
Viens tenir mon enfant, dirois-je à ce compère,
Louis le bien nommé, c'est Louis le Hardi (1).

Notez que s'il est né en 1621, comme dit M. Perrault dans ses Hommes Illustres, il n'avoit que 67 ans en 1688 et non 70; mais soixante et dix ans est un compte plus rond et plus poétique, ou peut-être M. Perrault

---

(1) On lit dans les Œuvres posthumes, page 164 et dans les éditions des Œuvres diverses.

L'homme n'engendre guère à soixante et dix ans;
Si le cas m'arrivoit, comme à certaines gens,
J'irois à ce soldat, et sans tant de mystère,
Tout autre choix à part, je dirois, kadédi,
Viens tenir mon enfant, tu seras mon compère.
LOUIS le bien aimé, c'est LOUIS LE HARDI.

Il nous semble que la leçon manuscritte vaut mieux que celle des imprimés, et qu'on y reconnoît davantage le tour original de La Fontaine.

s'est-il trompé, comme nous l'avons remarqué en commençant.

J'oubliois une pièce qui n'a jamais été imprimée et qui mérite bien de l'être (1). Une fille de haute naissance eût un procès pour un mariage en cette année 1688. La cause fut plaidée publiquement, et avec beaucoup d'appareil, en la grande chambre du Parlement de Paris; le mariage fut cassé. La Fontaine qui avoit été aux audiences, écrivit une épître à M. le Prince de Conti, sur ce sujet, c'est un *Lamentabile carmen* à la manière des anciens.

Pleurez, citoyens de Paphos,
Jeux et ris, et tous leurs suppôts.

Ou plutôt c'est une pièce inimitable, à sa manière. Il ne peut plus y avoir de secret dans une affaire si publique, et dont les plaidoyers imprimés avec privilége et qui font partie des Œuvres d'un des plus célèbres Avocats du Parlement, sont entre les mains de tout le monde, cette personne est morte au mois de mars 1724 (2).

---

(1) On la trouve tome 2. page 147.

Dans le temps qu'on alloit juger le procès de Mademoiselle de la F....

(2) C'est Mademoiselle de la Force.

1689.

Nous mettons sous l'année 1689 *le Songe à Madame la Princesse de Conti*, fille du Roi Louis XIV, parce qu'il y est parlé de la révolution d'Angleterre, qui arriva sur la fin de 1688. Ce Songe est du carnaval de 1689, il l'a fait en deux façons, et nous les donnerons toutes deux (1). Sa Muse rajeunissoit tous les jours, car une Muse septuagénaire peut-elle dire :

Conti me parut lors mille fois plus légère,
Que ne dansent au bois la Nymphe ou la Bergère.
L'herbe l'auroit portée, une fleur n'auroit pas
Reçu l'empreinte de ses pas.
Elle sembloit raser les airs à la manière
Que les Dieux marchent dans Homère.

Mais il ne faut point être surpris que la Déesse des graces ait inspiré des graces, et que cette grande et belle Princesse ait fait rêver divinement.

Après ce Songe délicieux, vient l'épître à M. de Vendôme (2) : *Prince vaillant, humain et sage*, où il y a des traits assez hardis, qui

---

(1) C'est dommage que nous ayons seulement celle des imprimés. Marais avoit un manuscrit que les éditeurs n'ont point connu.

(2) Tome 2. p. 152.

ont passé dans l'édition des Posthumes, à Paris, et que Bayle, qui ne dédaignoit pas les ornemens agréables, n'a pas oublié en son lieu (1). Le poëte pensionnaire du Prince lui demande de l'argent et dit :

Le reste ira ne vous déplaise
En. . . . . et cœtera.

Ces points sont remplis dans le manuscrit (2) par ces mots, *En bas reliefs et cœtera.* Et c'est encore un reste de son goût pour les bas reliefs.

Vient encore une autre épître à M. le Prince de Conti, du 18 août 1689 (3), pleine de toute sorte de nouvelles; il y en a de l'Italie, de l'Angleterre, du siége de Londondery en Irlande, et on y peut bien remarquer ce sixain qui dit tout en peu de mots, et qui vaut tel poëme en six chants :

Dieu me garde de feu et d'eau;
De mauvais vin dans un cadeau;
D'avoir rencontres importunes;
De liseur de vers sans répit;

---

(1) Dict. 3e. édition, page 1549, où il rapporte 30 vers de cette épître.

(Note de l'Auteur).

(2) Et dans les imprimés.

(3) Tome 2. page 139.
Je n'ai differé d'écrire à votre A. S.

De maîtresse ayant trop d'esprit ;
Et de la Chambre des Communes.

Enfin, encore une autre lettre de nouvelles à M. le Prince de Conti (1); La Fontaine lui écrivoit à l'armée tout ce qui se passoit à Paris. D'abord, c'est M. de Harlay nommé premier président (2):

Il en est digne, et j'ose dire
Que Thémis, en tout son empire,
Trouveroit à peine aujourd'hui
Un oracle approchant de lui.

C'est M. de Ponchartrain fait Controleur général des finances :

Si jamais j'ai des ordonnances,
Ce qui n'est pas près d'arriver,
Il saura du moins me sauver
Le chagrin d'une longue attente,
Il lira d'abord ma patente.
Homme n'est plus expéditif,
Mieux instruit, ni plus inventif.

Cet homme, si distrait en apparence, connoissoit tous les talens et le mérite des grands hommes. Il parle de même de M. de Seignelay fait Ministre.

On le voit sur le champ écrire
Touchant des points très-importans,

---

(1) Tome 2. page 157.
On m'a dit tant de fois que Votre A. S. étoit en chemin.

(2) Il le fut le 18 novembre 1689.

Mieux que moi, Seigneur, c'est peu dire;
Mieux qu'aucun écrivain du temps.

L'éloge qu'il fait du nouveau Pape Alexandre VIII, est grand et magnifique; il espère qu'il travaillera à la paix.

L'Olympe interpose au traité
La première tête du monde,
En bon sens, comme en dignité.

Il invoque la paix, il l'appelle *Fille du Ciel et d'Alexandre,* et c'est un poëte de 70 ans, en qui le génie se renouvelle à mesure qu'il périt dans les autres hommes!

1691.

Les lettres en prose à Madame d'Hervart (1) sont mises sous cette année, parce qu'il y est parlé de faits arrivés en ce temps-là, c'est toujours de la plaisanterie, du badinage et de la joie, des simplicités même enfantines, qui le caractérisent toujours. Il y parle d'une jeune personne de huit ans. Elle fit une chanson pour lui. Il en fit une pour elle (2). On

---

(1) Tome 2 pages 167 et 169.
J'ai reçu, Madame, une lettre de vous.
J'ai reçu, Madame, une de vos lettres.

(2) Voyez la chanson de la jeune personne et celle de La Fontaine dans la lettre à Racine, tome 3 page 159.
POIGNAN à son retour de Paris, etc.

les donnera ici, et cet amusement d'un vieillard qui joue avec des enfans, ne peut manquer de plaire.

Nous avons en cette année 1691, son opera d'Astrée, qui fut représenté, et qui n'eut pas un grand succès. Il n'avoit jamais eu le talent de cette poésie : il l'avoit encore moins à cet âge; mais il est impossible qu'on n'y trouve toujours de ses naïvetés spirituelles, et on ne doit pas perdre ces derniers traits d'un homme qui nous a d'ailleurs tant fait de plaisir. On fait un conte de lui qu'étant à la représentation de cet opéra, il le trouva mauvais, et qu'ayant demandé de qui il étoit, on lui dit que c'étoit de lui-même, à quoi il répondit, il n'en vaut pas mieux. Ce n'est qu'un conte qu'il faut mettre avec celui de la boule noire à l'Académie, et avec ces distractions dont Vigneul-Marville a fait et allongé un mauvais discours (1).

Il y a quelques petites pièces auxquelles on ne peut assigner une vraie date, comme le *Billard à Madame de la Fayette* (2), des vers

---

(1) Mélanges d'Histoire et de Littérature, tome 2 page 383, édition de 1725. On sait que ces Mélanges sont du P. Bonaventure d'Argonne, Chartreux à Gaillon.

(2) Tome 1. page 127.

Ce Billard est petit, etc.

pour une capricieuse (1), d'autres sur le portrait du Roi (2), deux chansons (3), et autres de cette nature, rapportées dans les Œuvres posthumes et que l'on placera ici sous l'année 1691.

M. le Duc de Vendôme fut fort-malade cette année-là, et on appréhenda pour sa vie. La Fontaine, qui étoit son poëte, en fut fort affligé, et lui écrivit sur sa convalescence, une lettre propre à le faire rire, et à lui rendre la joie, qui est la fleur de la santé (4). Il cherche à *enjouer* son récit le plus qu'il peut (nous ne faisons pas ce mot, nous l'avons trouvé tout fait par Despréaux pour notre Poëte, dans sa dissertation sur la Joconde, dont nous ne devions plus parler). Il dit au Prince que le Roi lui-même a annoncé le retour de sa santé.

> Et ce qu'il dit vint à Paris
> Avec une vitesse extrême.
> Sans cela tout étoit perdu.
> Le poëte avoit l'air d'un rendu :

---

(1) Tome 1. page 89 Madrigal.
Soulagez mon tourment, disois-je à ma cruelle.

(2) *Ibid* page 97.
A l'air de ce héros, etc.

(3) *Ibid* page 117.
Tout se suit ici bas, etc.
Si nos langueurs et notre plainte.

(4) *Ibid* page 137.
Prince qui faites les délices.

Comment d'un rendu ? d'un hermite,
D'un Sanctoron, d'un Santena (1),
D'un déterré ; bref d'un qui n'a
Vu de long-temps plat ni rr

Voilà du vrai Villon. La description qu'il fait de la retraite de M. de Fieubet, Conseiller d'Etat, aux Camaldultes est encore toute joyeuse (2).

Non qu'il se soit du tout privé
Des commodités de la vie.
Même on dit qu'il s'est réservé
Sa cuisine et son écurie,
Des gens pour le servir, son nécessaire enfin,
Un peu d'agréable, et lui fin.
Cet exemple est fort-bon à suivre.
J'en sais un meilleur ; c'est de vivre.

Il explique ensuite ce que c'est que de vivre, à sa manière :

Car est-ce vivre à votre avis
Que de fuir toutes compagnies,
Plaisans repas, menus devis,
Bon vin, chansonettes jolies,
En un mot, n'avoir goût à rien ?
Dites que non, vous direz bien.

---

(1) Sanctoron et Santena étoient des officiers qui s'étoient retirés à la Trape.

(Note de l'Auteur).

(2) M. de Fieubet retiré aux Camaldultes en 1691, y est mort le 10 septembre 1694.

(Note de l'Auteur.)

La morale de notre Poëte, comme on voit, n'étoit pas sévère, mais il cherchoit à amuser un malade ; et avec cet amusement tout peut passer, car tout passe, et surtout en vers.

M. de Vendôme plein d'esprit et de goût, prenoit un plaisir [illegible]ni à lire ses ouvrages et à disputer contre [illegible], pour le faire parler ; mais La Fontaine [illegible] lui cédoit pas. Il dit dans un autre endroit (1) :

Je dois tout respect aux Vendômes ;
Mais j'irois en d'autres royaumes,
S'il leur falloit en ce moment
Céder un Ciron seulement.

1692. 1693.

Nous approchons à regret de la fin de notre préface, et de la fin de la vie de notre Poëte, et peu s'en faut qu'il ne nous arrive de mouiller de larmes un ouvrage qui n'a point été fait pour pleurer. Le 28 août 1692, il écrivit à M. le Chevalier de Sillery, une épître sur les conquêtes de M. le Duc, qui étoit un second Condé, et pour la valeur et pour l'esprit (2). M. le Duc de Bourgogone l'enga-

---

(1) Dans l'épître au Duc de Vendôme.
Prince vaillant, humain et sage.
Tome 2. page 152.

(2) *Ibid* page 164.
Jamais nos combattans n'ont été si hardis.

geoit aussi de temps-en-temps à faire des Fables. Il lui donna le sujet du Chat et de la Souris, en ce temps-là, et le Poëte fit ce joli prologue qui est à la tête, et qui n'est pas dans les fables, comme il l'a composé. Quelles louanges n'a-t-il point données à ce Prince, fines, naïves, simples, élevées, et combien n'a-t-il point été au-dessous de son sujet?

Il écrivit encore en 1693, une épître à M. de Vendôme (1), où il parle de la bataille de la Marsaille, qui fut donnée en cette année-là, où il fait l'éloge de M. de Catinat.

Ce général n'a guere son pareil;
Bon pour la main, et bon pour le conseil.

Il souhaite des biens à M. de Vendôme:

Mais non pas un trésor.
Car chacun sait que vous méprisez l'or.
J'en fais grand cas, aussi fait sire Pierre,
Et sire Paul, enfin toute la terre.....
Grande stérilité
Sur le Parnasse en a toujours été.

Il se console sur ce que l'abbé de Chaulieu lui en a promis. C'est que l'abbé étoit Intendant du Prince, et le Poëte étoit son pensionnaire. Il n'étoit pas encore bien dévot en ce

---

(1) Tome 1. page 139.
Quand on croyoit la campagne achevée.

temps-là, car il badine sur les oraisons.

> Si je savois quelque bonne oraison,
> Pour en avoir tant que la paix se fasse,
> Je la dirois de la meilleure grace
> Que j'en dis onc....

Enfin il termina tous ses travaux poétiques par la pièce intitulée, *le Juge arbitre, l'hospitalier et le Solitaire* (1), qui est un conte moral, où il donne aux hommes une leçon de se voir et de s'examiner soi-même, et se préparoit ainsi à sa mort qui n'étoit pas loin.

> Cette leçon sera la fin de ces ouvrages.
> Puisse-t-elle être utile aux siècles à venir !
> Je la propose aux Rois, je la propose aux sages,
> Par où saurois-je mieux finir ?

Dans les deux dernières années de sa vie il ne pensa plus qu'à bien mourir, fit des actions très-chrétiennes, chercha à expier ses fautes, et donna de grands exemples de piété. Il fit alors la paraphrase de la prose des morts (2). Le commentateur de Despréaux nous a conservé deux lettres curieuses (3),

---

(1) C'est la 28e. et la dernière fable du XIIe. livre.

(2) Tome 1. page 150.
Dieu détruira le siècle au jour de sa fureur.

(3) Œuvres de Boileau, tome 3. page 180 et suivantes de l'édition de Saint-Marc. La lettre de

l'une de Despréaux, l'autre de Maucroix, où se trouvent des particularités très-singulières, de sa conversion : elles étoient vraies et Despréaux ne les trouvoit pas vrai-semblables. Un critique sévère, qui a fait des remarques sur le Dictionnaire de Moréri, a trouvé mauvais, et avec raison, que l'on n'y ait pas parlé dans l'article de La Fontaine, et de sa conversion, et de sa pénitence exemplaire. Nous avons voulu nous mettre à l'abri de toute censure, et apprendre au monde que l'édification a réparé le scandale. Notre Poëte mourut enfin, à Paris, chez M. Hervart, qui le logeoit, le 13 avril 1695, à 77 ans, en mettant sa naissance en 1618, et fut enterré à St-Eustache.

Depuis sa mort, une dame de ses amies (1) a donné au public un tome de ses ouvrages posthumes, et nous avons dépouillé tout ce recueil que nous avons placé dans son ordre, en sorte qu'il n'en reste pas une seule pièce, le surplus étant ou contes, ou fables, ou une pièce qui est de M. Pavillon et non de lui. Il est dédié à M. le Marquis de Sablé, on y a

---

Boileau à Maucroix est la VIe. de ses lettres, et la réponse de Maucroix la suit.

(1) Cette Dame signe ULRICH la dédicace de ces Œuvres posthumes, au Marquis de Sablé ; il reste à savoir si ce n'est pas un pseudonyme, ce qui nous paroît assez probable.

mis un portrait en prose de M. de La Fontaine, qui exprime bien ses talens et son caractère (1). M. Perrault l'a aussi placé dans le rang des hommes illustres avec son éloge et son portrait gravé par Edelinck d'après celui de Rigault.

Il avoit fait lui-même son épitaphe qui est dans un des recueils de 1671, et qui est aussi dans le recueil de vers choisis, de 1693 (2). Il ne songeoit point alors à mourir, mais à rire.

Jean s'en alla comme il étoit venu,
Mangea le fonds après le revenu;
Tint les trésors chose peu nécessaire.
Quant à son temps, bien le sut dispenser,
Deux parts en fit, dont il souloit passer,
L'une à dormir et l'autre à ne rien faire.

Le P. Sanadon, Jésuite, a traduit cette épitaphe en vers latins (3) :

Jani Fontani epitaphium ex gallico.

Hoc lapide Janus tegitur haud dispar sibi,
Quum natus, et quum mortuus.
Census avitos fregit, insanum æstimans
Opibus paratis parcere.
Facturus ævi providam usuram brevis,
Divisit in partes duas :
Hanc delicato conterebat otio,
Somno exigebat alteram.

---

(1) On l'a mis à la tête de notre édition.

(2) Par le P. Bouhours.

(3) Poésies du P. Sanadon, Paris, Barbou, 1715, in-12. page 145.

Disons un mot, en finissant, de ses distractions dont on a tant fait de contes. Dans toute cette longue vie nous n'en avons trouvé que deux dont il ait parlé. L'une qui lui arriva à Orléans; il en parle dans ses lettres à sa femme, il en rit avec elle. Il sortit d'une hôtellerie pour aller voir la ville; au retour il prit une autre hôtellerie pour la sienne, entra dans un jardin, se mit à lire Tite-Live (preuve qu'il lisoit les bons auteurs), le garçon du cabaret le fit apercevoir qu'il n'étoit pas où il devoit être, il courut à l'autre cabaret, et j'arrivai, dit-il, assez tôt pour compter: et d'une, qui est très-naturelle, qui peut arriver à tout le monde, et qui nous a valu le récit qu'il en a fait. L'autre est celle qu'il eut en sortant de Bois-le-Vicomte, après avoir vu une belle personne; il rêvoit à elle; il s'égara; mais cette rêverie produisit une des plus galantes lettres qu'il ait jamais écrites. Nous en avons parlé sur l'année 1688, et nous lui devons encore tenir compte d'une distraction qui nous est si utile. Heureux si l'amour ne produisoit que de ces maux là! Nous en savons encore une troisième d'un homme qui ne ment point. La Fontaine étoit à Antony avec ses amis qui l'avoient mené pour passer quelques jours à la campagne. Il ne se trouva point à dîner un jour; on l'appela, on le sonna, il ne vint point; enfin il parut après le dîner; on lui demanda d'où il venoit, il dit qu'il venoit de l'enterrement d'une fourmi; qu'il avoit suivi le convoi dans le jardin; qu'il avoit reconduit la famille jusqu'à la maison (qui étoit la fourmillière), et fit la dessus une description naïve du gouvernement de ces petits animaux, qu'il a depuis porté dans ses Fables, dans la Psyché, dans son St.-Malc, avec le tour merveilleux qu'il a su y donner. Ainsi quand il ne paroissoit occupé de rien, il étudioit la nature; ses distractions étoient bien philosophiques, et il nous préparoit ces excellens ouvrages qui en sont le fruit.

PIÈCES INÉDITES.

J'ai promis, dans la préface, de publier à la suite de la vie de La Fontaine, quelques pièces inédites qu'on ne trouve dans aucune des éditions de ce célèbre fabuliste. Les feuilles volantes qui les contiennent et qui, par un hazard heureux, sont tombées entre mes mains, sont précisément celles que Pellisson envoyoit à Fouquet; elles sont apostillées de sa main et écrites par un excellent calligraphe.

I.

ODE ANACRÉONTIQUE.

A Madame la Sur-Intendante sur ce qu'elle est accouchée, avant terme, dans le carrosse, en revenant de Toulouse.

Puis-je ramentevoir l'accident, plein d'ennui,
Dont le bruit en nos cœurs mit tant d'inquiétudes?

Aurai-je bonne grace à blamer aujourd'hui
Carrosses en relais, chirurgiens un peu rudes ?

Falloit-il que votre œuvre imparfait fut laissé ?
Ne le deviez-vous pas rapporter de Toulouse ?
A quoi songeoit l'amour qui l'avoit commencé,
Et sont-ce là des traits de véritable épouse ?

Ne quittant qu'avec peine un mari, par trop cher,
Et le voyant partir pour un si long voyage,
Vous le voulûtes suivre, il ne put l'empêcher;
De vos chastes amours vous lui deûtes ce gage.

Dites-nous s'il devoit être fille ou garçon,
Et si c'est d'un Amour, ou si c'est d'une Grace
Que vous avez perdu l'étoffe et la façon,
A quelque autre poupon laissant libre la place ?

Pour tous les fruits d'hymen qui sont sur le métier,
Carrosses en relais sont méchante voiture.
Votre poupon, au moins, devoit avoir quartier ;
Il étoit digne, hélas! de plus douce aventure.

Vous l'auriez achevé sans qu'il y manquât rien,
De Graces et d'Amours étant bonne ouvrière.
Dieu ne l'a pas voulu peut-être pour un bien,
Aux dépens de nos cœurs il eût vu la lumière.

OLYMPE assurément vous auriez mis au jour
Quelque subject charmant et peut-être insensible.
Votre sexe ou le nôtre en seroit mort d'amour,
Mais nous ne gagnons rien ; c'est un sort infaillible.

Ce miracle ébauché, laisse ici frère et sœurs.
Chez vous mâle et femelle il en est une bande ;
Un seul étant perdu ne nous rend point nos cœurs ;
De ceux qui sont restés la part sera plus grande.

II.

MADRIGAL POUR LE ROI.

Que dites-vous du cœur d'Alcandre,
Qui n'avoit jamais soupiré ?

S'il s'est un peu tard déclaré,
Il n'a rien perdu pour attendre.

III.

Comme j'étois sur le point d'envoyer le terme de la Saint-Jean, l'on m'a mandé que M. de Mézière s'en venoit à Vaux en diligence, et que Madame la Maréchalle d'Aumont y devoit aussi amener Mademoiselle sa fille; que là ils s'épouseroient aussitôt et que ce mariage avoit été conclu si soudainement que les parties ne se doutoient quasi pas du sujet de leur voyage. J'aurois bien voulu pouvoir témoigner, par quelque chose de poli, le zèle que j'ai pour les deux familles; mais j'ai cru que l'épithalame ne devoit pas être plus prémédité que l'hyménée, et qu'il falloit que tout se sentît de la soudaineté avec laquelle Monseigneur le Sur-Intendant entreprend et exécute la pluspart des choses. Je me suis donc contenté d'ajouter au terme ce Madrigal :

Belle d'AUMONT et vous MÉZIÈRE,
Quand je regarde la manière
Dont vous vous mariez, l'un venant de la Cour,
Et l'autre de Paris, ou bien de la frontière,
J'appelle votre hymen un impromptu d'amour.
Avec le temps vous en ferez bien d'autres,
Et nous en pourrons voir dans neuf mois, plus un jour,
Un de votre façon qui vaudra tous les nôtres.

A la suite des feuilles volantes qui m'ont fourni les trois pièces que je viens de communiquer au lecteur, je trouve, de la main de

Pellisson, les pièces suivantes qui accompagnoient probablement l'une de celles que La Fontaine envoyoit à chaque trimestre au Sur-Intendant Fouquet pour lui tenir lieu de quittance de la pension qu'il lui faisoit.

IV.

« Je n'ai pas gardé la quittance, parce que » je n'ai pas cru qu'elle le valût. Mais si je » m'en souviens elle étoit à-peu-près telle » :

QUITTANCE PUBLIQUE.

Par devant moi, sur Parnasse Notaire,
Se présenta la Reine des beautés,
Et des vertus le parfait exemplaire.
Qui lut ces vers, puis les ayant comptés,
Pesés, revus, approuvés et vantés,
Pour le passé voulut s'en satisfaire;
Se réservant le tribut ordinaire,
Pour l'avenir aux termes arrêtés.
Muses de Vaux et vous leur secrétaire,
Voilà l'acquit tel que vous souhaitez,
En puissiez-vous en cent ans autant faire !

V.

QUITTANCE, SOUS SEING PRIVÉ

(DE LA SUR-INTENDANTE).

De mes deux yeux, ou de mes deux soleils,
J'ai lu vos vers qu'on trouve sans pareils,
Et qui n'ont rien qui ne me doive plaire.
Je vous tiens quitte et promets vous fournir
De quoi par tout vous le faire tenir,
Pour le passé, mais non pour l'avenir.
En puissiez-vous dans cent ans autant faire !

ADDITIONS AUX NOTES.

Page 34. J'avois promis la Ballade et les stances sur Escobar, dont parle notre Auteur sur l'année 1664 ; mais quelques recherches que j'aie faites dans les différens recueils de la Bibliothèque Impériale, aidé par l'honnête et obligeant M. Van Praet, je n'ai pu découvrir ces deux pièces. Elles sont peut-être dans quelque recueil, publié par les Jansénistes contre les Molinistes. Richelet, dans son Dictionnaire, article *Velours*, cite les trois vers suivans de la Ballade :

> Veut-on monter sur les célestes tours,
> Chemins pierreux, et grande rivière ?
> Escobar fait un chemin de velours.

Page 37. On lit dans la *Note de l'Auteur* : « On fit bientôt en Hollande une nouvelle édition » des Contes. La Fontaine en parle à la fin de sa » *Coupe Enchantée*, et dit que cette impression » lui fait plus d'honneur qu'il ne mérite ».

Cette note est inintelligible pour ceux qui n'ont que les éditions ordinaires des Contes, où ils chercheroient en vain, à la suite de la *Coupe Enchantée*, ce qu'on fait dire ici à La Fontaine. Il faut donc en donner l'explication. En 1669 on publia chez Billaine, avec privilége du Roi, *les Contes et Nouvelles en vers de M. de La Fontaine*, in-12 de 249 pages. C'est dans cette édition, page 204, que se trouve la première moitié seulement de la Coupe Enchantée, finissant par ce vers qui en suppose beaucoup d'autres, et qui ne se retrouve plus dans les éditions subséquentes :

Eraste à qui Nérine avoit fait la leçon.

et suivie de la note suivante de La Fontaine :

« Sans l'impression de Hollande j'aurois attendu
» que cet ouvrage fut achevé, avant que de le don-
» ner au public ; les fragmens de ce que je fais n'é-
» tant pas d'une telle conséquence que je doive
» croire qu'on s'en soucie. En cela et en autre chose
» cette impression de Hollande me fait plus d'hon-
» neur que je n'en mérite. J'aurois souhaité seule-
» ment que celui qui s'en est donné le soin, n'eût
» pas ajouté qu'il sait de très-bonne part que je
» laisserai cette nouvelle sans l'achever. C'est ce
» que je ne me souviens pas d'avoir jamais dit, et
» qui est tellement contre mon intention, que la
» première chose à quoi j'ai dessein de travailler,
» c'est cette Coupe Enchantée ».

La Fontaine, en effet, *acheva* ce Conte, et il fut imprimé tel que nous l'avons aujourd'hui, en 1671, chez Barbin, dans la troisième partie des *Contes et Nouvelles*, etc. également *in*-12, mais il en supprima un dialogue entre le *faux Éraste* et *Caliste*, qui mérite d'être conservé. Après ce vers :

Qui vous donne cet air d'un vrai jour de printemps.

on lit dans cette édition de 1669 :

Le feint Éraste, en même temps,
Lui présente un miroir de poche.
Caliste s'y regarde et le galant s'approche :
Il contemple, il admire, il lève au ciel les yeux ;
Il fait tant qu'il attrape un souris gracieux.
Mauvais commencement se dit-il en soi-même !

Hé bien ! poursuivit-il, quand d'un amour extrême,
On vous aime,
A-t-on raison ? je m'en rapporte à vous ;
Peut-on résister à ces charmes ?

CALISTE.

On sait bien, car comment ne pas devenir fous,
Quand vos cœurs ont à faire à de si fortes armes ?
Sans mentir, messieurs les amans,
Vous me semblez divertissans :
J'aurois regret qu'on vous fît taire.
Mais savez-vous que votre encens
Peut, à la longue, nous déplaire ?

Le feint ÉRASTE.

Et pouvons-nous autrement faire ?
Tenez, voyez encor ces traits.

CALISTE.

Je les vois, je les considère,
Je sais quels ils sont ; mais après ?

Le feint ÉRASTE.

Après ? l'après est bon, faut-il toujours vous dire
Qu'on brûle, qu'on languit, qu'on meurt sous votre empire?

CALISTE.

Mon dieu ! non je le sais ; mais après ?

Le feint ÉRASTE.

Il suffit.

Et quand on est mort c'est tout dit.

CALISTE.

Vous n'êtes pas si mort que vos yeux ne remuent ;
Contenez-les, de grace, ou bien, s'ils continuent,
Je mettrai mon Touret de nez (1).

---

(1) Espèce de masque ancien.

Le feint ÉRASTE.

Votre Touret de nez? gardez-vous de le faire.

CALISTE.

Cessez donc et vous contenez.

Le feint ÉRASTE.

Quoi! défendre les yeux; c'est être trop sévère,
Passe encor pour les mains,

CALISTE.

Ah! pour les mains je croi
Que vous riez;

Le feint ÉRASTE.

Point trop.

CALISTE.

C'est donc à moi
De me garder.

Le feint ÉRASTE.

Ma passion commence
A se lasser de la longueur du temps.
Si mon calcul est bon, voici tantôt deux ans
Que je vous sers sans récompense.

CALISTE.

Quelle vous la faut-il?

Le feint ÉRASTE.

Tout, sans rien excepter.

CALISTE.

Un remerciment donc ne peut vous contenter?

Le feint ÉRASTE.

Des remercimens? bagatelles.

CALISTE.

De l'amitié?

Le feint ÉRASTE.

Point de nouvelles.

CALISTE.

De l'amour?

Le feint ÉRASTE.

Bon cela. Mais je veux du plus fin,
Qui me laisse avancer chemin,
En moins de deux ou trois visites;
Moyennant quoi nous serons quites.
Et, si vous voulez mettre à prix cet amour-là,
Je vous en donnerai tout ce qui vous plaira,
Cette boëte de filigrane.

CALISTE.

Le libéral amant qu'est Éraste! voyez!

Le feint ÉRASTE.

Madame, avant qu'on la condamne
Il faut l'ouvrir. Peut-être vous croyez
Qu'elle est vuide?

CALISTE.

Non pas. Ce sont des pierreries?

Le feint ÉRASTE.

Ouvrez, vous le verrez.

CALISTE.

Trève de railleries.

Le feint ÉRASTE.

Moi! me railler! ouvrez.

CALISTE.

Et quand je l'aurois fait?
Je ne sais qui me tient qu'avec un bon soufflet....
Mais non. Si jamais plus cette insolence extrême....

Le feint ÉRASTE.

Je vois bien ce que c'est, il faut l'ouvrir moi-même.

Disant ces mots, il l'ouvre et sans autre façon,
Il tire de la boëte, et d'entre du coton,

De ces appeaux à prendre belles,
Assez pour fléchir six cruelles,
Assez pour créer six cocus,
Un Collier de vingt mille écus.
Caliste n'étoit pas tellement en colère
Qu'elle ne regardât ce don du coin de l'œil.
Sa vertu, sa foi, son orgueil
Eurent peine à tenir contre un tel adversaire;
Mais il ne falloit pas sitôt changer de ton.
Éraste à qui Nérine avoit fait la leçon.

Dans ce même Conte, La Fontaine a supprimé quatre autres vers qu'il faut aussi rétablir. Après ceux-ci:

Vous savez que le père avoit long-temps devant
Cette fille légitimée.

On lit dans l'édition de 1669:

Soit par affection, soit pour jouer d'un tour
A des collatéraux, nation affamée,
Qui des écus de l'homme ayant eu la fumée,
Lui faisoit règlement sa cour.

FIN.

www.ingramcontent.com/pod-product-compliance
Ingram Content Group UK Ltd.
Pitfield, Milton Keynes, MK11 3LW, UK
UKHW012226240726
13966UKWH00003B/964